Yes we camp!

FAMILIEN-CAMPING AUF DEM LAND

DIE SCHÖNSTEN PLÄTZE MIT BAUERNHOF, STREICHELZOO & PFERDESTALL

von
Katja Hein und Ulrike Jeute

PiN CAMP

powered by ADAC

ENDLICH ZEIT FÜR UNS UND DEN URLAUB
IN VOLLEN ZÜGEN GENIESSEN

PINCAMP: SUCHEN. BUCHEN. CAMPEN.

Camping-Vorfreude statt Urlaubsstress: *Auf PiNCAMP (www.pincamp.de), dem Campingportal des ADAC, können Camper ihren Urlaub von der Inspiration über die Campingplatzsuche bis zur Buchung bequem und kostenlos planen.*

Auf der Suche nach dem passenden Campingplatz ist PiNCAMP die richtige Adresse für alle Camper. Das Campingportal listet über 12 000 Campingplätze in ganz Europa, viele können davon direkt online gebucht werden. Camper erhalten somit auf PiNCAMP einen perfekten Überblick, welche Campingplätze in ihrer Wunschregion noch frei sind, und können sich direkt ihren Platz einfach und schnell online buchen. So steht dem nächsten Campingglück nichts mehr im Weg.

Um Camper bei der Urlaubsplanung bestmöglich zu unterstützen, bildet die europaweit einheitliche ADAC Klassifikation die perfekte Grundlage zum Vergleich von Campingplätzen.

Die ADAC Klassifikation basiert auf der objektiven Bewertung durch die ADAC Inspekteure. Diese geschulten und erfahrenen Camping-Experten durchleuchten regelmäßig über 6000 Campingplätze europaweit einheitlich auf Basis eines standardisierten Fragebogens mit über 200 Messkriterien. Das Ergebnis ist eine objektive Analyse der Qualität von Ausstattung und Angebot. Die besten Campingplätze mit einer 5-Sterne-Klassifikation erhalten die Auszeichnung ADAC Superplatz. Ein Platz mit zwei Sternen muss aber nicht automatisch weniger attraktiv sein als ein Platz mit vier oder fünf Sternen. Camper müssen sich lediglich darauf einstellen, dass Infrastruktur und Ausstattung bei wenigen Sternen einfacher gehalten sind. Aber manchmal sind gerade einfachere Plätze die charmanten Geheimtipps. Alle in diesem Buch vorgestellten Campingplätze wurden mit größtmöglicher Sorgfalt ausgewählt und bilden ganz bewusst das volle Spektrum der Sterne-Klassifikation ab. Campingplätze ohne Sterne sind ganz neu in der Datenbank und wurden noch nicht von ADAC Inspekteuren besucht.

Für genauere Informationen steht am Ende der Platzbeschreibung ein Link zu pincamp.de, dem Campingportal des ADAC. Dort gibt es alle Details, die für die Auswahl eines Angebots hilfreich sind. Viel Spaß beim Sichten und Auswählen!

INHALT

PiNCAMP:
Suchen. Buchen. Campen. → S. 3
Vorwort → S. 7
Unsere Lieblingsplätze → S. 8

DER NORDEN

DEUTSCHLAND
① Camping auf Hof Dreisprung → S. 15
② Bauernhofcamping Ferienhof Folger → S. 19
③ Campingplatz Hohes Ufer → S. 23
④ NaturCampingplatz Bernsteinreiter Barth → S. 27
⑤ Bauernhof Dangaster Weide → S. 31
⑥ Ehrlingshof → S. 35
⑦ Knattercamping in Bantikow → S. 39
⑧ Camping Am Bauernhof (Feldberg) → S. 43

AM STRAND DIE SONNE SPÜREN → S. 24

GEMEINSAM DIE NATUR ENTDECKEN → S. 83

DIE MITTE

DEUTSCHLAND
⑨ Freizeitpark Klaukenhof → S. 51
⑩ Camping Sauerländer Ferienhof → S. 54
⑪ Camping Zur Hasenkammer → S. 58
⑫ Reiterparadies-Campingpark → S. 62
⑬ Campingplatz Am Bauernhof → S. 65
⑭ Familienhotel Rhönfeeling mit Campingplatz → S. 69
⑮ Landgasthof Probstei Zella → S. 74
⑯ Campingplatz Ferienhotel Wolfsmühle → S. 78
⑰ Ferienhof Mandry → S. 82
⑱ Freizeit- und Campingpark Thräna → S. 86
⑲ Höhenhof → S. 90

DER SÜDEN

DEUTSCHLAND

⑳ Ferienhof & Campingplatz Schweinmühle → S. 99
㉑ Mohrenhof Franken → S. 103
㉒ Camping Schwarzfelder Hof → S. 107
㉓ Ferienhof Schiermeier → S. 111
㉔ Naturcamping Marxhof → S. 114
㉕ Camping Hofgut Hopfenburg → S. 118
㉖ Camping Kirnermarteshof → S. 122
㉗ Campinghof Salem → S. 126
㉘ Camping am Ferienhof Kramer → S. 130
㉙ Campingplatz Buchseehof → S. 134

LIEBER SCHÄFERWAGEN ODER TIPI? → S. 118

VIEL SPASS BEI DER APFELERNTE → S. 143

SCHWEIZ UND ÖSTERREICH

SCHWEIZ

㉚ Camping Manser → S. 143
㉛ Erlebnisbauernhof & Camping Gerbe → S. 147
㉜ Ferienhof Rüti → S. 151

ÖSTERREICH

㉝ Alpencamping Mark → S. 156
㉞ Camping Michelnhof → S. 160
㉟ Pürcherhof → S. 164
㊱ Biobauernhof Unteregg → S. 168
㊲ Oberhasenberghof → S. 172
㊳ Habererhof → S. 176
㊴ Prefelnig Hof → S. 179
㊵ Camping am Bauernhof (St. Georgen im Gailtal) → S. 182

Register → S. 186
Legende → S. 188
Bildnachweis → S. 190
Impressum → S. 191
Autorinnen → S. 192

DAMIT DIE HÜHNER SATT WERDEN,
HELFEN ALLE GERNE MIT.

VORWORT

Ferien auf dem Bauernhof sind bei Familien sehr beliebt. Die kostbare freie Zeit mit Camper, Wohnmobil oder Zelt zusammen mit seinen Lieben auf dem Land zu verbringen, ist besonders intensiv und erlebnisreich.

Während die Erwachsenen gerne auch einmal Ruhe geben, entspannen und die Seele baumeln lassen wollen, haben Kinder eine kaum zu bremsende Energie und sind neugierig auf alles um sie herum. Da sind die vielen Tiere auf einem Bauernhof, die es gilt, zu entdecken und mitzuversorgen. Ein gehöriger Teil an Streicheleinheiten für Kühe, Pferde, Schweine, Ziegen, Schafe, Hühner, Hunde und Katzen gehört natürlich auch immer dazu. Da sind die vielen spannenden Arbeiten, die auf einem Bauernhof anfallen, bei denen oftmals auch mitgeholfen werden kann. Und häufig gibt es ganz viel Platz, auf dem nach Herzenslust getobt und gespielt werden kann.

Wir stellen 40 traumhafte Campingplätze in Deutschland, Österreich und der Schweiz vor, die auf oder neben Bauernhöfen besonders für Familien Landleben zum Mitmachen bieten.

Für Ausflüge, Erkundungen und Abenteuer in der Umgebung finden Sie zahlreiche Vorschläge, die für Kinder ab drei Jahren bis zum Teenageralter passen.

Die Natur ist der größte Spielplatz der Welt – fahren Sie hin.

Katja Hein

Ulrike Jeute

UNSERE LIEBLINGSPLÄTZE

DIE 3 PLÄTZE MIT BESONDERS VIEL BAUERNHOFFEELING

Mit den Hühnern aufstehen, Eier einsammeln, die Tiere am Hof füttern, die Kühe auf die Weide und wieder zurück in den Stall bringen, melken ... Bauernhofferien, wie sie im Buche stehen, erleben Groß und Klein auf Camping Hof Dreisprung (→ Seite 15). Sogar ein »Bauernhofdiplom« können alle Möchtegern-Minibauern hier machen. Auf dem Sauerländer Ferienhof (→ Seite 54) werden alle Gästekinder besonders viele Tierfreundschaften schließen, und auf dem Naturcamping Marxhof (→ Seite 114) wird die Fahrt auf dem Bulldog sicherlich lange in Erinnerung bleiben.

Das fühlt sich lustig an, wenn das Huhn ein Korn aus der Hand pickt.

Mit Papa zusammen macht der Flug durch den Wald gleich doppelt so viel Spaß.

DIE 3 PLÄTZE MIT SPASS UND ACTION FÜR GROSS UND KLEIN

Für Kinder mit größerem Altersunterschied etwas zu finden, das allen gleich viel Spaß macht, ist manchmal nicht ganz einfach. Vom Bauernhof Dangaster Weide (→ Seite 31) ist es nicht weit zum Jaderpark, in dem es exotische Tiere und einen Freizeitpark mit zahlreichen Attraktionen gibt. Am Spielberg AVENTURA neben dem Camping zur Hasenkammer (→ Seite 58) wird geklettert, gerutscht und getobt – miteinander oder im Wettkampf gegeneinander. Der Familywald nahe dem Prefelnig Hof (→ Seite 179) bietet Spiel, Action und Abenteuer für alle. Ob auf Baumwipfelpfaden und Hängebrücken, auf dem Waldspielplatz, beim Kinderschminken oder in der Waldachterbahn: Hier hat jeder seinen Spaß.

DIE 3 PLÄTZE MIT DEN SCHÖNSTEN ERLEBNISSEN FÜR WASSERRATTEN

Am und im Wasser herumzutollen macht im Sommer besonders viel Spaß. Der großzügige und eingezäunte Schwimmteich mit Kleinkinderbereich auf dem Camping am Ferienhof Kramer (→ Seite 130) wird schnell ein Lieblingsplatz für Groß und Klein. Oder die Familie schnappen, ein Kanu mieten und eine gemütliche Kanutour auf der Werra machen. Ausstieg ist am Landgasthof Probstei Zella (→ Seite 74). Eine Familienrafting- und Canyoningtour hat genau das richtige Level, um sich auszuprobieren, selbst herauszufordern, aber doch nicht zu überanstrengen. Vom Alpencamping Mark (→ Seite 156) fährt man dafür nach Mayerhofen.

Wer als Erstes bei der Schwimminsel ist, hat gewonnen!

Ach, ist das schön – ich könnte stundenlang weiterwippen.

DIE 3 PLÄTZE, AUF DENEN KINDER NACH HERZENSLUST SPIELEN KÖNNEN

Auf dem Ehrlingshof (→ Seite 35) ist alles auf Familien mit Kindern zugeschnitten. Mit allerlei fahrbaren Untersätzen, Schaukeln, einem Trampolin und einem mit viel Liebe gebauten Zwergendorf kommt bei den kleinen Urlaubern keine Langeweile auf. Der Höhenhof (→ Seite 90) bietet auf seinem Natur-Erlebnis-Spielplatz mit Hügelrutschen, Seilbahn, Wippe, Kletter- und Schaukelmöglichkeiten viel Abwechslung. Und falls es regnen sollte, ist die Spielscheune eine beliebte Alternative. Einen liebevoll gestalteten Indoorspielplatz gibt es auch auf Camping Schwarzfelder Hof (→ Seite 107) in einer riesigen Scheune mit Seilrutsche, Balancierseil und Kletterburg.

WINDMÜHLEN UND SCHAFE – EIN TYPISCHES BILD FÜR DIE KÜSTE IM NORDEN

DER NORDEN

CAMPINGPLÄTZE IM NORDEN

WEITERE TOLLE PLÄTZE AUF PINCAMP.DE!

NORD- UND OSTSEE

Spaß und Spannung am Wasser und an Land

1. Camping auf Hof Dreisprung → S. 15
2. Bauernhofcamping Ferienhof Folger → S. 19
3. Campingplatz Hohes Ufer → S. 23

MECKLENBURG-VORPOMMERN

Felder, Koppeln und Reiterglück

4. NaturCampingplatz Bernsteinreiter Barth → S. 27

FRIESLAND

Wasser, Watt und viele Tiere

5. Bauernhof Dangaster Weide → S. 31

NIEDERSACHSEN

Ein Irrgarten für die ganze Familie

6. Ehrlingshof → S. 35

BRANDENBURG UND MECKLENBURGISCHE SEENPLATTE

Unvergessliche Naturerlebnisse

7. Knattercamping in Bantikow → S. 39
8. Camping Am Bauernhof (Feldberg) → S. 43

Zeichenerklärungen
für die Ausflüge → S. 188

DER NORDEN DEUTSCHLANDS

Die Nord- und Ostseeküste mit Wind, Sand und Meer – ausgedehnte Landstriche mit glitzernden Seen, weiten Wiesen, bunten Feldern und Schatten spendenden Wäldern. Im Norden Deutschlands reihen sich die vielseitigsten Landschaften aneinander. Auf den Bauernhöfen der Regionen gibt es Spiel, Spaß und Spannendes für alle. Und wer sich in den Dörfern und Städten des Umlands umsieht, wird für seinen Urlaub noch weitere Highlights entdecken.

AB ZUM STRAND UND DANN IMMER AM WASSER ENTLANG …

Herrlich, wenn zum Spielen so viel Platz ist und auch noch andere Kinder da sind.

1 CAMPING AUF HOF DREISPRUNG

Geeignet für Wohnmobile, Caravans und Zelte, 5 Standplätze, Mitte April–Mitte Oktober
▶ Beyersweg 6,
D-25926 Westre

Tel. +49 15253206330
GPS 54.865952, 8.994402

■ pincamp.de/pin_245652

Paradies für Kinder: Hoch oben im Norden Schleswig-Holsteins, kurz vor der dänischen Grenze, befindet sich dieses Kleinod zwischen Wald und Wiesen. Der Bauernhof ist voll bewirtschaftet, und so bekommt ein jeder 100 Prozent Bauernhofleben wie gebucht dazu.

Die Stellplätze werden auf der einen Seite durch die Bäume vom Wind geschützt und geben zur anderen Seite den Blick frei auf die Wiese, wo die Kühe friedlich grasen. Offiziell gibt es fünf ausgewiesene Parzellen zu je 200 Quadratmetern. Jede von ihnen hat ihren eigenen Dusch- und WC-Container. Campingurlaub mit der Großfamilie oder befreundeten Familien ist der Plan? Dann sind es wohl gute Nachrichten, dass pro Parzelle auch mehrere Wohnmobile, Zelte bzw. Camper gestellt werden dürfen; so steht einem Gemeinschaftsurlaub nichts mehr im Weg. Hof Dreisprung ist ein echtes Paradies für Kinder. Sie können entweder Landleben hautnah kennenlernen und miterleben oder sich einfach ganz frei bewegen und austoben. Alle Möchtegern-Minibauern können in Absprache aktiv mithelfen und auf Nachfrage sogar ein »Bauernhofdiplom« machen. Wer lieber bei der Arbeit zuschaut, der kann sich

AUSFLÜGE IN DER NÄHE auf einen Blick

(Wasser)	ca. 32 km vom CP	Leicht	1 Std. 30 Min.
(Wandern)	ca. 37 km vom CP	Leicht	Halbtages- oder Tagestour

im Kinderfuhrpark frei bedienen und mit einem der Fahrzeuge nach Belieben über den Hof flitzen. Den Spielplatz unsicher machen, Sandburgen bauen, das Trampolin strapazieren oder ein paar Streicheleinheiten verteilen. Besonders gerne lassen sich die Schafe streicheln, ebenso die kleinsten Bewohner – Meerschweinchen und Langohren. Ponys pflegen und Reiten geht natürlich auch. Frische Eier und Gegacker kommen von den Hühnern, und ein Spielboden mit Strohspielecke lädt nicht nur bei schlechtem Wetter zum Verweilen ein. Ganz lieb nachgefragt, kann sogar eine Nacht im Stroh drin sein. Und weil Familie Hansen mit sehr viel Herzblut dabei ist, versuchen sie die Ferienkinder, neben der Arbeit im Stall und auf dem Feld, noch mit einem zusätzlichen Programm zu verwöhnen. Welche Aktionen wann geplant sind, steht auf dem jeweils gültigen Aktionsplan. Dieser hängt immer druckfrisch an der kleinen Mühle, dem Kleintierstall. Mal gibt es etwas am Morgen, mal am Nachmittag. Das Angebot reicht von kreativ bis aktiv, von sauber bis dreckig, von aufregend bis entspannend. Beim Lagerfeuer am Abend kann sich nicht nur mit Familie Hansen ausgetauscht werden. Mit der Abenddämmerung beginnt der Tag für die nachtaktiven Fledermäuse, welche sich im Sommer hervorragend beobachten lassen. Tierbeobachter kommen aber auch tagsüber auf ihre Kosten. Eichhörnchen, die von Baum zu Baum springen, das »hofeigene« Turmfalkenpaar, jede Menge Vogelstimmen, die es zu bestimmen gibt, und für die, die sich lieber am Boden halten, gibt es unter Garantie auch dort das große Krabbeln zu erleben. Wer einmal hier ist, möchte so schnell nicht wieder weg.

Beinahe endlos erscheinen die saftig grünen Weiden nahe der Küste.

Auf einem Strandspaziergang gibt es im feuchten Sand so manches zu entdecken.

AUF DEN SPUREN DER WÜRMER – KINDERWATTWANDERUNG BEI DAGEBÜLL

Wer so dicht an der Nordsee Urlaub macht, kommt um den Nationalpark Wattenmeer und genauer um eine Wattwanderung nicht herum. Es gibt einige Dinge, auf die im Norden Verlass ist. Zum Beispiel: die Unbeständigkeit des Wetters sowie Ebbe und Flut. Und was lässt sich bei jedem Wetter hervorragend machen? Richtig, eine Wattwanderung, denn dafür braucht es keinen Sonnenschein, sondern lediglich wetterfeste Kleidung, Ebbe und einen Wattführer.

In Dagebüll wird sich, nach Anmeldung, meist am Strandparkplatz getroffen. Familien mit Kindern sollten die »kurze Wattwanderung« buchen. Sie ist so konzipiert, dass alle Spaß haben, etwas lernen, es am Ende aber weder zu anstrengend noch langweilig wird. In den 90 Minuten lernen alle mehr über den Lebensraum Wattenmeer, was der Lebensraum Wattenmeer für die Tier- und Pflanzenwelt bedeutet beziehungsweise wer oder was hier zu Hause ist. Natürlich darf auch gefühlt, gerochen und gegraben werden. Mal muss gesucht werden, mal tauchen sie von ganz alleine auf – die Muscheln, Schnecken, Krebse. Wer oder was sind nun eigentlich die Wattwürmer? Wie leben sie, welche Funktion haben sie und sind das da auf dem Boden wirklich alles Würmer? Was hat es mit den vielen Kringeln am Boden auf sich? Am

> »Kinder können entweder Landleben hautnah kennenlernen oder sich einfach ganz frei bewegen und austoben.«

Ende der Tour sind Groß und Klein mit Sicherheit ein wenig schlauer. Warum geht dem Wattenmeer eine solche Faszination voraus, wenn es doch gleichzeitig so viel Tücke birgt? All das gilt es zu erleben, und wenn der Führer es vergisst, einfach mal die Augen schließen und an der Hand des anderen mitlaufen, Augen wieder auf – und das ist der Moment, an dem jeder weiß, warum man hier niemals alleine sein sollte. Ein spannender Ausflug für die ganze Familie (www.wattwanderung.eu).

GEBT DEN KINDERN DAS KOMMANDO – CITYTOUR DURCH FLENSBURG

Schleswig-Holstein ist für vieles bekannt, nicht gerade fürs Wandern. Städtetrips sind nichts für Kinder und Jugendliche? Fehleinschätzung. Wie wäre es mit einer Wanderung durch eine Stadt? Die nördlichste kreisfreie Stadt Deutschlands, direkt am Wasser, einen Katzensprung von Dänemark entfernt und mehr als nur eine Handballhochburg – willkommen in Flensburg. Mit CityTours wird auch dem Nachwuchs – ganz egal, ob kleiner oder größer – eine Stadtführung Spaß machen. Individuell durchgeführt, nur als Familie, und die Kinder haben das Kommando.

Die Kommandozentrale, in Form von Tablets, holt man sich vor dem Beginn der Tour in der Kochwerkstatt ab. Nach einer kleinen Einweisung kann es losgehen. Wer seinen Kindern einen Gefallen tun möchte, bucht die »Schüler-Tour«, diese ist auf ihre Zielgruppe zugeschnitten, die Kids haben Spaß am Entdecken, Anführen und Lösen der Rätsel, und die lieben Eltern kommen trotzdem auf ihre Kosten – Win-win-Situation für alle. Sind die Kinder noch etwas jünger oder kann man sich auch so einigen, bringt auch die »Classic-Tour« Spaß für die ganze Familie. Selten lernt man so viel und fast ganz nebenbei Wissenswertes über eine Stadt. Die Zeit vergeht wie im Flug, wie viel man wirklich läuft, bemerkt man kaum. Flensburg mit seinen alten und neuen Schiffen am Hafen, den kleinen hübschen Gassen mit ihren teils krummen und schiefen Häuschen macht einfach Spaß. Ein leckeres Fischbrötchen oder ein Stopp für echtes dänisches Softeis ist immer drin. Am Ende des Tags hat man das Gefühl, die Stadt wie seine Westentasche zu kennen, und setzt sich vor der Rückreise am besten ans Wasser und genießt das Pfeifen der Segelmasten, während die Sonne untergeht (www.citygames-flensburg.de).

Die Altstadt von Flensburg schmiegt sich malerisch an das Ufer der Förde.

Schon die kleinsten Urlaubsgäste helfen beim Füttern begeistert mit.

2 BAUERNHOFCAMPING FERIENHOF FOLGER

Geeignet für Wohnmobile, Caravans und Zelte, 2 Standplätze, Mitte April–Mitte Oktober
▶ Westerkoog 14,
D-25761 Hedwigenkoog

Tel. +49 48349270
GPS 54.179503, 8.81593

■ pincamp.de/pin_236788

Nah am Meer: Klein, aber fein, dafür aber ein Campingerlebnis der Extraklasse – das verspricht ein Aufenthalt auf dem Ferienhof Folger mit jeder Menge Möglichkeiten für Spiel und Spaß und echtem Bauernhofleben. Hoch oben im Norden Deutschlands, nur 200 Meter vom Nordseestrand entfernt, gibt es eine Handvoll Stellplätze, die zum Verweilen und Entspannen einladen.

Die 240-Seelen-Gemeinde Hedwigenkoog verkörpert alles, was mit Nordseeurlaub verbunden wird. Deichschafe auf schier nicht enden wollenden Deichen, unberührte Sandstrände, ein paar Häuser, ein paar Höfe und das Meer, welches am Horizont mit dem Himmel eins wird oder umgekehrt. Schon bei der Anfahrt durch Dithmarschen hat sich der Alltagsstress mit jedem Kilometer verkrümelt. Mit jedem Luftzug, der durchs Fenster in den Wagen strömt, wird der Kopf ein wenig freier, und spätestens, wenn das Campingmobil geparkt oder das Zelt aufgebaut ist, sind Körper und Geist gänzlich angekommen und bereit, den Urlaub zu 100 Prozent zu genießen. Immer mit einer leichten Brise um die Nase, die mal nach Salzwasser und mal nach Bauernhof schnuppert, lässt es sich hier wunderbar aushalten.

Kleine, große kleine und große Gäste fühlen sich hier sofort willkommen. Aller guten Dinge sind drei, so sind es auch nur drei Minuten vom Stellplatz zum Hof. Dort gibt es alles, was das Tierliebhaberherz begehrt. Ein Streichelzoo mit Minischweinen, Ziegen, Hühnern, Kaninchen, Lamas und dem Hofhund, der zur persönlichen Begrüßung gerne einmal angelaufen kommt. Als Gast kann nach Absprache eines der Ponys für einen kostenlosen Ritt angefragt werden. Um dem Bauernhofalltag etwas näherzukommen, kann von Montag bis Freitag um 16.30 Uhr an der Fütterung teilgenommen werden. Wer sich bereits mit allen Tieren bekannt gemacht hat und ein wenig Abwechslung braucht, der kann sich in der Kletterlandschaft probieren, auf dem Trampolin in luftige Höhen springen oder sich zum Ausruhen auf den Strohboden zurückziehen. Soll es nur mal eben eine kleine Abkühlung

»Immer mit einer leichten Brise um die Nase, die mal nach Salzwasser und mal nach Bauernhof schnuppert«

Nach nur wenigen Reitstunden sind Reiterin und Pony ein fast unzertrennliches Paar.

AUSFLÜGE IN DER NÄHE auf einen Blick

Ausflugsziel	10 km vom CP	Leicht	Halbtages- oder Tagestour
Erlebnis	10 km vom CP	Leicht	ca. 2 Std. 30 Min. mit einem erfahrenen Guide

werden ohne komplette Strandausrüstung? Dann geht dies im Planschbecken. Urlaub an der Nordsee heißt, sich auf alle Wettereventualitäten einzustellen. Deswegen gibt es für Schauerzeiten einen Billard- und einen Kickertisch. Wind gibt es das ganze Jahr, und deswegen sollte ein Drachen unbedingt mit im Gepäck sein. Die Deiche eignen sich hervorragend für lange Spaziergänge oder Fahrradtouren, und der Strand lädt zum Verweilen ein.

Die Stellplätze, mit Strom- und Wasseranschluss, stehen von April bis Oktober zur Verfügung. Ferienwohnungen kann man das ganze Jahr über buchen.

PHÄNOMANIA BÜSUM – MUSEUMSSPASS FÜR DIE GANZE FAMILIE

In jedem von uns steckt ein Entdecker! Ein Besuch im Phänomania in Büsum ist mehr als lohnend. Hier werden auch die Erwachsenen ihren Spiel- und Entdeckertrieb keine fünf Minuten unterdrücken können, und deshalb ist es das perfekte Museum für die ganze Familie. Dieses interaktive Museum lädt nicht nur zum Anfassen und Ausprobieren ein, nein, wer das volle Erlebnis will, der muss sogar probieren und manchmal auch über seinen eigenen Schatten springen. Mit Köpfchen, Kraft, Fingerspitzengefühl und manchmal nur als Team wird man alles meistern.

Drei Stunden sollten mindestens eingeplant werden, aber man kann hier gut und gerne die gesamte Öffnungszeit verbringen, ohne sich auch im Geringsten zu langweilen. Mehr als 230 Experimentierstationen gilt es zu entdecken. Gerade die Physik wird hier auf spielerische Art erklärt und veranschaulicht, und so manchem ist dadurch auch Jahre später noch der Groschen gefallen, mit einem inneren oder laut geäußerten »Ahhh, so funktioniert das« oder »Jetzt hab ich es verstanden«. Lernen, Kräftemessen und Experimentieren machen bekanntlich hungrig und durstig. Die selbst gepackte Picknicktasche sollte unbedingt dabei sein und darf an den Tischen im Foyer und bei gutem Wetter auf der Terrasse ausgepackt werden, außer Kaltgetränken und Eis kann nichts erworben werden (Phänomania Büsum, Dr.-Martin-Bahr-Straße 7, 25761 Büsum, www.phaenomania-buesum.de).

Im Phänomania in Büsum vergeht die Zeit wie im Flug.

SEEHUNDALARM – VERZAUBERT VON GROSSEN KNOPFAUGEN

Kaum ein anderer Meeresbewohner schafft es, uns Menschen so schnell in seinen Bann zu ziehen, wie Seehunde. Mit ihren großen dunklen Knopfaugen, dem hundeähnlichen Kopf und der schwarzen Stupsnase sehen sie einfach zuckersüß und niedlich aus. Die Nordsee ist ihr natürliches Zuhause, und nur eine Fahrstunde vor der Küste Büsums lassen sich regelmäßig 50 bis 100 Tiere auf den Sandbänken beobachten.

Wer diesem Hundeblick also verfallen ist, der sollte die Chance nutzen und von Büsum aus mit dem Schiff zu den Sandbänken fahren. Während der Anfahrt macht man es sich am besten bequem und genießt den Blick auf das Meer und die immer kleiner werdende Silhouette der Stadt. Nach rund 60 Minuten hat das Schiff sein Ziel erreicht. In gebührendem Abstand werden die Motoren gestoppt, und mit einem Mal tauchen sie vor einem auf – die Seehunde! Sie sind, mit Geschwindigkeiten von bis zu 35 Stundenkilometern, die schnellsten Unterwasserjäger Deutschlands, was sich bei ihrem Nickerchen auf den Sandbänken so gar nicht vermuten lässt. Dort liegen sie zu mehreren Dutzend entspannt im Sand und genießen die Sonne. Ruhig und sonnig ist ihre liebste Kombination. Was sie hingegen so gar nicht mögen, ist es, gestört zu werden.

Dann fliehen sie ins Wasser und gehen auf die Jagd. Hat sich alles beruhigt, kehren sie zurück und entspannen wieder. Die Seehundbänke hier draußen sind nicht nur ihr Ruheplatz, sondern auch der Ort, an dem sie ihre Jungen sicher zur Welt bringen können. Die Tiere dort so majestätisch liegen zu sehen ist schon unvergesslich; wer aber in den Genuss kommt, eine aufgeschreckte Herde zu sehen, die sich binnen kürzester Zeit ins Wasser stürzt, wird aus dem Staunen nicht mehr herauskommen (www.adler-eils.de/schiffstouren).

Die Seehunde am Ufer fühlen sich in ihrer Umgebung sichtlich wohl.

Direkt am Meer stehen die Campinggäste auf dem Campingplatz Hohes Ufer.

3 CAMPINGPLATZ HOHES UFER

★★★★½

Geeignet für Wohnmobile, Caravans und Zelte, 60 Standplätze
▸ D-23779 Ostermade

Tel. +49 4365496
GPS 54.324483, 11.070216

■ pincamp.de/sl6600

Direkt am Meer: Wellenrauschen, Möwenschrei und das Huhn legt nebenbei ein frisches Ei. So oder so ähnlich könnte ein Morgen auf dem Campingplatz Hohes Ufer an der ostholsteinischen Ostseeküste starten. Wie der Name es vermuten lässt, liegt der Campingplatz direkt am schönen Ostseestrand, und wer zuerst bucht, sichert sich einen Platz in der ersten Reihe mit Meerblickgarantie. Aber auch der Rest des Campingplatzes ist ein wahres Urlaubsparadies für die ganze Familie. Abgesehen von der exorbitant guten Lage am feinen Sandstrand gehört der Platz zum Gut Godderstorf und liegt am äußersten Rand desselbigen.

Zum Gut gehören rund 250 Hektar Ackerland und der Campingplatz sowie ein Reitplatz und jede Menge Möglichkeiten, den Urlaub aktiv als Entdecker, Forscher oder kleiner Künstler zu verbringen. Das Besondere auf dem Hohen Ufer ist nicht allein die Lage, sondern das speziell auf Kinder abgestimmte Animations- und Freizeitprogramm. Dahinter steht ein naturpädagogisches Konzept, welches den Kindern zum Beispiel das Leben auf dem Land näherbringt, sie mit Naturmaterialien basteln lässt, ihnen zeigt, wie das Melken einer Kuh funktioniert, oder die Chance auf eine Nacht im Stroh gibt. Ganz nebenbei springt durch das abwechslungsreiche Programm auch noch der ein oder andere Moment ungestörter Elternzeit heraus.

Die Möglichkeiten scheinen schier unendlich, und es bedarf schon eines längeren Aufenthalts, um alles zu erleben, zu erkunden und zu erforschen, oder man wird einfach zum Wiederholungstäter. Teilweise findet der Freizeitspaß direkt auf dem Campingplatz statt und teils auf dem Gutsgelände, dafür schwingt man sich am besten auf seinen Drahtesel und fährt die rund zwei Kilometer vorbei an den Feldern zum Gutshaus. Bei dieser kleinen Fahrt werden einem die Dimensionen von Gut Godderstorf erst einmal richtig bewusst.

Am Strand liegen, in die Sonne blinzeln und dabei dem Meeresrauschen zuhören …

Auf dem Gutsgelände lassen sich dann auch noch die Hoftiere begutachten und zu bestimmten Zeiten sowie nach Absprache auch mitversorgen. Noch nicht genug? Gut, dann kann auf Anmeldung auch noch geritten werden.

Ein Tag nur mit der eigenen Familie, toben auf der Spielwiese, sonnenbaden am Strand, Balance halten im Niedrigseilgarten, Basketball, Tischtennis oder einfach mal nichts tun und die Seele baumeln lassen, das alles kann der Familienurlaub am Campingplatz Hohes Ufer.

Nicht nur freizeittechnisch ist hier alles möglich, auch alle Varianten des Campings sind auf dem Platz herzlich willkommen. Es darf also jeder Gast nach seiner Interpretation von Campingurlaub mit Zelt, Wohnmobil oder Wohnwagen anreisen. Strom- und Wasseranschlüsse sind vorhanden, und einem rundum sorglosen Vergnügen steht nichts im Weg.

HOCHSEEANGELN

Ein wenig Abenteuer gefällig und dabei noch das Abendessen für den Campinggrill sichern? Dann heißt es noch vor dem ersten Hahnenschrei aufstehen, dick anziehen und beim Sonnenaufgang eine gute Viertelstunde nach Heiligenhafen fahren. Dort Ausschau halten nach der MS Einigkeit, Ticket vorzeigen und Platz nehmen. Ab 6 Uhr in der Früh dürfen passionierte Angler, Anfänger oder zuschauende Abenteurer an Bord Platz nehmen. Zur Stärkung gibt es ein Frühstück. Denn eines sollte man als Landratte wissen: niemals mit leerem Magen in See stechen! Die Fahrt zum Angelgebiet dauert ungefähr 1,5 Stunden. Dort angekommen sind vier bis fünf Stunden zum Angeln geplant. Ob selbst geangelt oder nur zugeschaut wird, obliegt jedem selbst und wird entsprechend im Vorfeld gebucht. Angler oder nicht, Hochseeangeln ist nichts für schwache Nerven und Ungeduldige, gleichwohl aber ein unvergessliches Abenteuer für Groß und Klein. Die Ostsee kann rau oder ganz sanft sein, es

Im Kraxelmaxel Ostsee Kletterpark in Grömitz kommen alle Kletterbegeisterten auf ihre Kosten.

ist also ein kleines Überraschungspaket, und eine grundlegende Seefestigkeit des Magens ist vorteilhaft. Wer das Meer genau beobachtet, der weiß auch, warum so früh gestartet wird – zum einen hängt es mit der Aktivität der Fische zusammen, zum anderen aber auch mit der Meeresbewegung. In den frühen Morgenstunden und dann wieder ab spätnachmittags ist der Wellengang für gewöhnlich am geringsten (es gibt auch eine Nachmittagstour, mit jüngeren Kindern empfiehlt sich aber die frühe Abfahrt). Sind die Fische gefangen, können sie während der Rückfahrt direkt an Bord verzehrfertig gemacht und später auf dem Grill zubereitet werden. Es wird ein unvergessliches Abenteuer. Petri Heil (www.ms-einigkeit.de)!

»Der Campingplatz liegt direkt am schönen Ostseestrand, und wer zuerst bucht, sichert sich einen Platz in der ersten Reihe mit Meerblickgarantie.«

KLETTERN MIT WEITBLICK

Hoch hinauf, den Blick weit in die Ferne. Klettern mit Ausblick ist die Devise im Kraxelmaxel Ostsee Kletterpark in Grömitz. Alle ab fünf Jahren, die Spaß am Klettern und Abenteuer haben, schwindelfrei sind oder über sich hinauswachsen wollen, finden hier ihre Erfüllung. Gesichert mit dem passenden Geschirr und Helm, kann an über 60 Stationen erprobt werden. Von abschätzbaren vier Metern bis zu schwindelerregenden zehn Metern ist der Aufstieg möglich. Einmal den inneren Schweinehund überwunden, ist die

Belohnung ein grandioser Blick über die Ostsee. Denn der Park befindet sich direkt hinter Strand und Deich. Gut einsehbar für Spaziergänger gibt es auch immer wieder Mut machende Zurufe, falls es mal stockt.

Klettern ist meist mehr Überwindung für die Eltern als für die Kinder. Einmal oben, überwiegt der Adrenalinkick, und es macht einfach nur noch Spaß. Es bringt einen an die Grenzen und sorgt, zumindest bei Erstlingskletterern, am nächsten Tag ganz sicher für Muskelkater. Was vor einem Besuch unbedingt klar sein muss, ist: auf jeden Fall festes Schuhwerk tragen! Kinder zwischen fünf und acht Jahren dürfen nur in Begleitung eines Erwachsenen klettern. Mit größeren Kindern haben die Erwachsenen die Chance, sich zu drücken, denn es reicht, sie vom Boden aus zu begleiten.

So oder so wird es ein unvergesslicher Ausflug, und wer sich traut, wird belohnt mit einem grandiosen Ausblick und der stolzen Gewissheit, es geschafft zu haben (www.kraxelmaxel.de/kletterpark-groemitz).

AUSFLÜGE IN DER NÄHE auf einen Blick

(Wasser)	13 km vom CP	Mittel	Tagestour
(Ort)	30 km vom CP	Mittel	2 Std. 30 Min.

In den gemütlichen Strandkörben am Ufer haben alle einen windgeschützten Platz gefunden.

Wer sich sicher im Sattel fühlt, kann auf einem Ausritt die Landschaft genießen.

4 NATURCAMPINGPLATZ BERNSTEINREITER BARTH

Geeignet für Wohnmobile, Caravans und Zelte, 25 Standplätze
▶ Glöwitz 1,
D-18356 Barth

Tel. +49 16093066325
GPS 54.369293, 12.759506

■ pincamp.de/pin_235397

Glückliches Landleben: Morgens mit einer Tasse Kaffee in der Hand den Sonnenaufgang am Horizont beobachten, während das Wasser der Lagune zart glitzernd vor einem liegt: Das ist der perfekte Start in einen Urlaubstag auf dem Erlebnisreiterhof Bernsteinreiter Barth.

Gen Norden das Blau des Barther Boddens und an Land weite Felder, Koppeln und sanfte Hügel, so weit das Auge reicht. Hier bei Glöwitz ist ein wahres Paradies für Campingfreunde, Familien, Pferdefreunde und solche, die es noch werden wollen, entstanden. Auf den ersten Blick steht auf dem Erlebnisreiterhof alles im Zeichen der Rösser. Kein Wunder bei den vielen Stallungen, Koppeln, dem Geruch nach Pferdeäpfeln und dem Wiehern der mehr als 60 Pferde und Ponys vor Ort. Aber auf den zweiten Blick werden auch die Familienmitglieder glücklich, die nicht so auf Pferde stehen oder vielleicht einfach noch zu klein sind zum Reiten. Neben einem umfassenden Reitangebot findet der Gast einen Streichelzoo mit einem Potpourri verschiedener Haustierarten. Wen man da trifft? Zum Beispiel Lisbet, die braune Zwergziege, Henne Hedi, Minischweine, Molly und Dolly, die Pommernschafe, Alpakas, Meerschweinchen, Kaninchen und seit 2019 auch Bennett-Wallabys.

» Im Norden das Blau des Barther Boddens und an Land weite Felder, Koppeln und sanfte Hügel«

Um sich auszutoben, finden kleine Kletterakrobaten einen Spielplatz, beim Tischtennis, Volleyball und Bolzen darf sich altersübergreifend gemessen werden, und am Ende können alle eine herrliche Erfrischung an der eigenen Badestelle in der Lagune genießen. Ein flacher Einstieg ins Wasser ist wie gemacht für Kinder. Das klingt nach einer idealen Mischung für die ganze Familie. Nach einem abwechslungsreichen Tag an der frischen Luft, zu Wasser oder auf dem Land haben die Gäste die Chance, am Lagerfeuerplatz mit Knüppelkuchen und Marshmallows den Tag in Ruhe ausklingen zu lassen. Darüber hinaus können Fahrräder und Kanus ausgeliehen werden. Mit dem Kanu über den Bodden schippern und die Seele baumeln lassen lohnt sich genauso wie ein kleiner Abstecher mit dem Rad nach Barth. Keine vier Kilometer ist die alte Residenzstadt entfernt und bietet alles, was man außerhalb vom Landleben braucht.

Wer findet nun aber einen Platz auf dem hofeigenen NaturCampingplatz? Alle, egal ob mit Wohnwagen, Wohnmobil oder Zelt angereist wird. Jeder ist willkommen und wird einen Platz finden, der den eigenen Ansprüchen gerecht wird. Neben einem Brötchenservice gibt es noch ein ganz besonderes Schmankerl für das Urlaubsgefühl – Frühstücksbüfett! Wer möchte, kann für einzelne Tage oder auch den ganzen Aufenthalt Frühstücksbüfett dazubuchen und sich jeden Morgen mit frischen Köstlichkeiten verwöhnen lassen, ohne einen Finger zu rühren – herrlich!

Die Eisbären fühlen sich in ihrem Gehege sichtlich wohl.

Welch eine Farbenpracht – die bunten Fische im Aquarium begeistern die ganze Familie.

DER BESTE ZOO EUROPAS UND EINE SCHNITZELJAGD

Was haben der beste Zoo Europas und eine Schnitzeljagd gemeinsam? Genau, beides gibt es in der Hansestadt Rostock. Hinter vorgehaltener Hand flüstert man sich auch zu, es sei die heimliche Hauptstadt Mecklenburg-Vorpommerns. In etwas mehr als einer Stunde ist man sowohl mit dem Auto als auch mit der Bahn in Rostock, um einen unvergesslichen Tag mit der ganzen Familie zu erleben. Egal ob man glaubt, die Stadt zu kennen, oder sie zum ersten Mal besucht, eine Schnitzeljagd durch die Stadt macht riesigen Spaß. Es gibt kaum einen besseren Weg, spielerisch Rostock zu entdecken. Je nach Alter der Kinder ist es in drei Stunden zu schaffen, oder man gönnt sich zwischendrin ein Päuschen. Der Endpunkt ist ideal, um im Anschluss in die Straßenbahn zu steigen und dem Rostocker Zoo einen Besuch abzustatten. Rostocks Zoo bietet seinen Besuchern nicht einfach nur Tiere, er ist vielmehr zu einer Erlebniswelt geworden. Im hiesigen Darwineum wird eingetaucht in die Evolutionsgeschichte sowohl in Ausstellungsräumen als auch im lebendigen Teil. Im Polarium verzaubert einen die Eiswelt, und Eisbären und Pinguine versetzen die Beobachter ins Staunen. Wer mehr Zeit im Zoo verbringen möchte, der zäumt das Pferd einfach von hinten auf. Startet im Zoo und endet mit der Schnitzeljagd. So oder so: Es wird ein unvergesslicher Tagesausflug für die ganze Familie. Bei 6500 Tieren aus 500 verschiedenen Arten findet jeder seinen Liebling (www.zoo-rostock.de; www.abenteuer-stadtwelten.de/produkt/schnitzeljagd-rostock).

AUSFLÜGE IN DER NÄHE auf einen Blick

	Entfernung	Schwierigkeit	Dauer
Erlebnisreiterhof	ca. 63 km vom CP	Leicht	Tagesausflug
Naturlehrpfad	ca. 13 km vom CP	Leicht	1–3 Std.

NATURLEHRPFAD FUHLENDORF

Abseits von Getümmel, Gegacker und Gewieher auf dem Erlebnisreiterhof gibt es für kleine und große Abenteurer noch einiges zu entdecken. Über die Landstraße erreicht man nach nur 20 Minuten Fuhlendorf. Am Ende der Waldstraße ist der Startpunkt des Naturlehrpfads erreicht. Der Rundweg hat eine Länge von gut zwei Kilometern und sieben Stationen. An jeder Station findet sich ein Edelstein mit Buchstabentafel. Ziel ist es, alle sieben Buchstaben zusammenzutragen, um am Ende der Tour mit dem Lösungswort den Zauberbann eines verzauberten Jungen zu brechen. Ganz nebenbei wird auf leichte unbeschwerte Art die Flora und Fauna auf kindgerechte Art entdeckt und kennengelernt, auch die Eltern lernen noch dazu. Selbst wer mit Kinder- bzw. Bollerwagen unterwegs ist, kommt gut voran, der Weg ist gut befestigt. Also Augen auf und dem blauen Vogel am Baum folgen.

Ein Rätsel reicht dem Nachwuchs nicht? Barrierefrei spazieren gehen ist kein Muss? Dann kann der Rundweg noch erweitert werden um die Pfade »Waldauge« und »Rätseltiere«. Zurück am Ausgangspunkt des Naturlehrpfads folgt man den Zeichen »Auge« und »Fragezeichen« auf der gegenüberliegenden Seite. Während auf dem Waldaugenpfad die Tiere des Walds näher kennengelernt werden, steigert der Rätselpfad das Ganze, und es gilt, Rätsel über die Bewohner des Walds zu lösen. Kleiner Tipp: Das Begleitheft holt man sich am besten vorher im Infokasten am Forsthaus ab (www.treffpunkt-ostsee.de/ostsee/sehenswertes).

Auf dem Naturlehrpfad gilt es, die vielen versteckten Hinweise im Wald zu finden.

Schafe sorgen dafür, dass das Gras schön kurz ist und die Deiche stabil bleiben.

5 BAUERNHOF DANGASTER WEIDE

Geeignet für Wohnmobile, Caravans und Zelte,
ganzjährig geöffnet
▶ Zum Jadebusen 177,
D-26316 Dangast

Tel. +49 44516520
GPS 53.43276, 8.11894

▪ pincamp.de/pin_237295

Das Glück der Erde ...: »Die Mia ist mein Lieblingspferd. Sie ist so lieb, wenn ich sie putze. Ich freue mich schon auf meine erste Reitstunde«, berichtet die zehnjährige Sabine aufgeregt ihren Eltern und verschwindet in Richtung Pferdestall.

Der familiengeführte Bauernhof mit Pferdehof, Ferienwohnungen und kleinem Campingplatz liegt etwas außerhalb des Ortskerns des Nordseebads Dangast. Der Hof und der ganzjährig geöffnete Campingplatz sind von weiter Landschaft umgeben. Jadebusen, Nordsee, Watt und ein großer Sandstrand sind rund 20 Minuten zu Fuß vom Campingplatz entfernt. Hier gibt es auch Geschäfte, Restaurants, Cafés und das DanGastQuellbad mit Riesenwasserrutsche.

Auf dem Bauern- und Pferdehof Funke begegnen Camper Zucht- und Nutztieren. Auf den eigenen Weiden des Hofs grasen Herden mit edlen Pferden und viele Rinder. Dazu kommen Schweine, Hühner, Ponys und ein großes Damwild-Gehege. Ein Schwerpunkt sind die Ausbildung und der Verkauf von Pferden aus eigener Zucht. Stuten und Hengste vom Pferdehof Funke stehen in vielen bekannten Springställen, auch über Deutschland hinaus.

Besonders für Pferdeliebhaber ist hier ein Paradies. Familien erleben Landleben hautnah und müssen dabei auf Komfort nicht verzichten. Die Sanitäranlagen wurden neu gebaut. Der Kinderspielplatz ist liebevoll angelegt. Wohnmobile, Wohnwagen und Zelte haben einen weiten Blick auf die umliegenden Weiden. Auf dem Pferdehof steht der Reiternachwuchs im Mittelpunkt. Und davon profitieren auch die Ferienkinder, die schnell Anschluss finden. Im Mai und Juni werden die Fohlen geboren, die man bereits kurz danach mit ihren Müttern auf der Weide beobachten kann. Damit können nicht nur Pferdefreunde Stunden verbringen, ohne sich zu langweilen.

Auf dem Reitplatz und in der Reithalle ist immer etwas los. Schon kleine Kinder ab zwei Jahren haben die Möglichkeit, beim geführten Ponyreiten entlang der Weiden das Glück der Erde auf dem Rücken der Pferde zu entdecken. Die Kinder suchen sich selbst ein Pony aus, ein wahr gewordener Pferdetraum. Größere erfahrene Kinder helfen mit im Stall, können Schnupperreiten und auch Reitstunden nehmen. Der Reitunterricht für Anfänger und Fortgeschrittene findet auf gut ausgebildeten und gepflegten Schulponys und Schulpferden statt. Es gibt Unterrichtsstunden an der Longe und in der Gruppe sowie Einzelunterricht. Ein Höhepunkt sind die geführten Ausritte durch die umliegenden Salzwiesen, Marschen und Wälder. Hier können Pferdebegeisterte Reiten und Campen miteinander verbinden und dabei die herrliche Natur an der deutschen Nordsee genießen. Wer nicht reiten möchte, nutzt die weite Landschaft um den Campingplatz für ausgedehnte Wanderungen oder Fahrradtouren auf oder am Deich zum Vareler Hafen oder sogar bis Wilhelmshaven.

Welches ist das netteste? Das ganz hinten oder das mit den vielen Punkten oder …

Der Leuchtturm Arngast steht bei Ebbe fast auf dem Trockenen.

WAS LEBT DA ALLES IM WATT?

Das Nordseebad Dangast liegt direkt am Jadebusen, der bei Ebbe zu einem riesigen Bereich des Wattenmeers wird – ideal für Wattwanderungen. Allerdings sollte man das Watt nur mit einem erfahrenen Wattführer entdecken, denn Unerfahrene können sich allein im Watt unbeabsichtigt in Gefahr begeben. Das gilt besonders für Familien. Es gibt eine lange und anspruchsvolle Strecke zum Leuchtturm Arngast und eine kürzere Strecke durchs Watt. Mindestalter für die Teilnahme ist acht Jahre. Zwischen April und Oktober bietet das Team des Nationalparkhauses Dangast begleitete Wattwanderungen für Familien mit Kindern an. Bei der Mitmachführung »Was lebt denn da im Watt?« und den Führungen »Watt für Kinder« (3–14 oder 5–14 Jahre) begibt man sich gemeinsam mit den Guides auf die Suche nach den Geheimnissen der Wattbewohner.

»Jadebusen, Nordsee, Watt und ein großer Sandstrand sind rund 20 Minuten zu Fuß vom Campingplatz entfernt.«

Hier gibt es viel zu entdecken, denn auf einem Quadratmeter Watt leben mehr als 100 000 Tiere. Dazu gehören das kaum sichtbare Plankton und die bekannten Wattwürmer. Für die speziellen Kinderführungen braucht man keine Anmeldung. Treffpunkt ist am Weltnaturerbeportal in Dangast. Bei schönem Wetter kann man die Tour barfuß und in kurzen Hosen machen. Sonst sind gut sitzende Turnschuhe, Gummistiefel oder Socken, Badekleidung, Buddelhose, Handtücher und Regenjacken die passende Ausstattung (www.dangast.de).

AUSFLÜGE IN DER NÄHE auf einen Blick

(Wasser)	2 km vom CP	Leicht bis Mittel	ca. 2 Std., mit einem erfahrenen Guide
(Ort)	15 km vom CP	Leicht	halber bis ganzer Tag

TIER- UND FREIZEITPARK

Aus dem kleinen Zoo der Anfangszeit hat sich ein moderner Tierpark entwickelt, zu dem ein Freizeitpark für die ganze Familie gehört. Im Jaderpark leben mehr als 600 exotische Tiere. Sie gehören zu 35 Arten aus der ganzen Welt. Eine Besonderheit ist die großzügige Afrikaanlage, auf der Giraffen, Antilopen, eine kleine Herde Steppenzebras und Strauße miteinander leben. Kommentierte Schau- und Mitmachfütterungen bieten in den Sommermonaten die Möglichkeit, mehr über unbekanntere Tierarten zu erfahren. Darunter sind Zwergmangusten, Flachlandtapire oder Humboldt-Pinguine. Im Streichelgehege können Kinder Ziegen, Schafen und Alpakas begegnen und sie füttern.

Auch im Freizeitpark stehen Familien im Zentrum. Es gibt Attraktionen sowie Abenteuer- und Wasserwelten für jedes Alter, inklusive Angeboten für die jüngsten Gäste. Der Familien-Freifallturm oder die Schlauchbootrutsche Rocky sind bereits für Kinder ab drei Jahren zugelassen. Bewegung und Abwechslung sind Programm in den verschiedenen Spielbereichen, die sich an verschiedene Altersgruppen richten. Es gibt Sport- und Spielgeräte und eine Tret-Go-Kartbahn. So wird es auch bei schlechtem Wetter nicht langweilig.

Zum Park gehört eine große Spielscheune mit geschützten Spiel-, Sport- und Klettermöglichkeiten für Kinder bis zwölf Jahre. Für einen unbeschwerten Tag sollte man auch Buddelhosen, Badesachen, Handtücher und Wechselkleidung einpacken (www.jaderpark.de).

Im Jaderpark gibt es Attraktionen für die ganze Familie.

Viel Grün empfängt die Gäste auf dem Ehrlingshof, und jeder sucht sich seinen Lieblingsplatz.

6 EHRLINGSHOF

Geeignet für Wohnmobile, Caravans und Zelte
▶ Wähaus-Ehrling 41,
D-49453 Rehden

Tel. +49 5446610
GPS 52.604897, 8.462948

■ pincamp.de/pin_236784

Bauernhofglück: Ein großer Stein mit der Aufschrift »Ehrlingshof« markiert die Einfahrt und führt das letzte Stück über eine schmale Allee bis zur Anmeldung. Die von Bäumen gesäumte Zufahrt lässt erahnen, welch ein kleines Paradies sich am Ende verbirgt. Und kaum dass man das alte Bauernhaus erblickt, fühlt man sich willkommen, ohne auch nur ausgestiegen zu sein.

Schon auf den ersten Blick und nach dem Gang an die Rezeption spürt man, dass der Ehrlingshof ein Familienbetrieb mit Herz ist. Dass hier alles auf Familien mit Kindern zugeschnitten wurde und man weiß: Hier verbringen wir eine tolle Zeit. Parzellen sind nicht vorgegeben, und ein jeder sucht sich ein Plätzchen, das für seine Familie passt. Autos stellt man am besten entlang der Einfahrt ab, denn dann bleibt mehr Platz für die Fahrkünste der Kleinen. Denn dank der Leidenschaft von Hartmut Buschmeyer können die Gästekinder die unterschiedlichsten selbst gebauten fahrbaren Untersätze ausprobieren, allen voran Tretautos. Im Hofmuseum kommen auch die Erwachsenen auf ihre Kosten. Diese Gerätschaften dürfen sie zwar nicht selber fahren, aber es gibt den ein oder anderen (landwirtschaftlichen) Oldtimer zu bestaunen. Aber was wäre ein Hof ohne Tiere? Darum dürfen sich die Camper über einen Streichelzoo mit Schafen und Hängebauchschweinen freuen. Wobei die

Alles, was fährt, ist bei den kleinen Urlaubsgästen besonders beliebt.

Schweinchen es lieben, hinter den Ohren oder am Bauch gekrault zu werden, mit der richtigen Technik sind hier ganz schnell neue Tierfreundschaften geschlossen. Morgens kurz vor halb zehn heißt es für alle Interessierten anstehen. Dann warten die Kinder ungeduldig vor der riesigen Voliere, um gemeinsam die Hühner, Sittiche und Kaninchen zu füttern. Selbstverständlich gibt es mehr als nur tierischen oder Fahrspaß auf dem Ehrlingshof. Ein kleiner, aber feiner Spielplatz lädt zum Klettern und Schaukeln ein, der Bolzplatz zum Kicken, eine Tischtennisplatte zum Match und ein Trampolin zu Höhenflügen. Versteckt im Schatten der Bäume findet sich noch ein weiterer Schatz, ein echtes Highlight – das Zwergendorf. Selbst gebaut, mit viel Liebe zum Detail, können kleine und große Kinder hier in die Zwergenwelt abtauchen. Haben die Hütten und Geräte auch die richtige Größe für die Kleinen, laden sie die Großen dazu ein, sich klein zu wünschen, und beim Spiel ist der Fantasie keine Grenze gesetzt. Langweilig wird den Kindern hier nicht! Um der Geselligkeit zu frönen, findet einmal in der Woche ein Hoffest statt. Dann kommen die Gäste und Familie Buschmeyer zusammen. Es wird gegessen, getrunken, erzählt, gesungen und gelacht!

Campen ist in jeglicher Form möglich, nur eine Chemietoilette kann nicht gereinigt werden. Aber das ist auch schon alles, auf das der Ehrlingshofbesucher hier im Paradies verzichten muss. Wer einen Ausflug mit mehr Action möchte, fährt zum Irrgarten am Alfsee, aus dem bisher noch jeder wieder herausgefunden hat.

»Kaum dass man das alte Bauernhaus erblickt, fühlt man sich willkommen, ohne auch nur ausgestiegen zu sein.«

PRIVATVERGNÜGEN WALDSEE

Das Gute liegt bekanntlich oft ganz nah, so auch in diesem Fall. Wenngleich die meisten Kinder gar keinen Drang verspüren, den Ehrlingshof zu verlassen, werden alle begeistert sein von diesem Ausflug. Und wer kann schon behaupten, seinen Urlaub an einem Privatsee verbracht zu haben? Rund fünf Kilometer vom Platz entfernt versteckt zwischen den Bäumen befindet sich ein kleiner Waldsee, der im Besitz der Familie ist. Welcher der Waldwege zum Ziel führt, verraten Anette und Hartmut ihren Gästen gerne persönlich. Es ist der ideale Platz für ein paar entspannte Stunden mit der Familie oder auch den neu gewonnenen Campingfreunden vom Platz. Die Angler unter den Besuchern dürfen in Absprache auch die Rute auswerfen. Während der eine wartet, dass einer anbeißt, haben die anderen die Chance auf ein Sonnenbad auf der Wiese.

Oder sie nehmen das Ruderboot – Anette – und machen eine kleine Fahrt über den See rüber zur Schwimminsel. Auch hier darf der See aus einer anderen Perspektive genossen werden. Zurück am Steg ist es vielleicht Zeit für ein Picknick. Dafür darf gerne die eigens dafür auf dem Grundstück errichtete Terrasse der Blockhütte genutzt werden. Mit der geringen Entfernung von nur fünf Kilometern vom Campingplatz ist die Strecke auch mit kleinen Beinchen zu schaffen. Wer jedoch nicht laufen möchte und kein eigenes Fahrrad mitgebracht hat, kann sich eines auf dem Ehrlingshof leihen.

AUSFLÜGE IN DER NÄHE auf einen Blick

≈	5 km vom CP	Leicht	Nach Lust und Laune, Infos direkt auf dem Hof
≈	ca. 20 km vom CP	Leicht	Halbtages- oder Tagestour

DÜMMER SEE – EINE SCHLAUE IDEE

Rund 20 Kilometer entfernt vom Campingplatzidyll liegt das »kleine Meer«, wie der Dümmer See hier liebevoll genannt wird. Warum? Darüber streiten sich die Geister. Wer selber da war, wird die Antwort vielleicht bekommen. Was kann es Schöneres geben, als einen Tag am, im oder auf dem Wasser zu verbringen und dabei jede Menge Spaß und Action für alle zu genießen, gepaart mit der unglaublichen Strahlkraft des Wassers, wenn

Sonnen, Planschen oder Angeln – am Waldsee ist alles möglich.

es um wohltuende Entspannung geht. Fast nichts. Ein Tag am Dümmer See lässt keine Langeweile aufkommen. Nicht nur, dass er mitten im Naturpark liegt, nein, er ist auch der perfekte Badeort für die Allerkleinsten. Der Dümmer See ist ein sogenannter Flachsee. Das heißt: flaches Wasser, egal von welcher Uferseite ins kühle Nass gesprungen wird. Ganze vier Sandstrände hat er aufzuweisen, maritimes Flair, eine kilometerlange Deichpromenade, Wasserspielplätze und natürlich das volle Programm in Sachen Wassersport. Wie wäre es mit einer Surf- oder Segelstunde? Tretboot- oder Kanufahren mit der ganzen Familie? Immer begleitet von dem guten Gefühl, dass es nie zu tief wird, um sich unsicher fühlen zu müssen.

Nur am Strand liegen und planschen reicht nicht? Dann kann der See auf dem Drahtesel umrundet werden. Das ist eine Strecke von rund 30 Kilometern. Auf einigen Abschnitten heißt es zwar: »Wer sein Fahrrad liebt, der schiebt«, aber das tut der Tour keinen Abbruch. Der Dümmer See hat alles, was es für einen rundherum gelungenen Familienausflug braucht, denn hier findet jeder etwas, was gefällt. So oder so, es werden alle glücklich zum Ehrlingshof zurückkehren (www.duemmer.de/duemmer-see).

Am Dümmer See werden Segeln, Surfen und jede andere Art von Wassersport betrieben.

Der Badestrand direkt am Campingplatz ist im Sommer ein beliebter Treffpunkt.

7 KNATTERCAMPING IN BANTIKOW

Geeignet für Wohnmobile, Caravans und Zelte, 70 Standplätze, Anf. April–Mitte Okt.
▶ Wusterhausener Str. 14, D-16868 Bantikow

Tel. +49 3397914361
GPS 52.93045, 12.449066

■ pincamp.de/bd490

Entschleunigung pur: Was da wohl knattert, knackst und klappert? Nichts! Alles, was es zu hören gibt zwischen den hohen, 100 Jahre alten Kiefern, direkt am Ufer des Untersees (Klempowsee) mitten in Brandenburg, sind Stille und der Ruf der Natur. Meckernde Zicklein, quiekende Zwergschweine und lachende Kinder, das ist der Klang von Knattercamping.

Der Campingplatz, den Untersee zu seinen Füßen, besticht mit Natürlichkeit, Herzlichkeit und familiärem Flair. Groß und Klein sind willkommen. Schon bei der Anfahrt durch das verrückt anmutende Eingangstor, streift man den Alltag ab und ist im Urlaub angekommen. Vom ersten Moment an macht sich ein Gefühl der Entschleunigung breit. Beim Knattercamping haben Jung und Alt die Chance auf neue tierische Freundschaften im Streichelgehege, Entspannung am See oder sportliche Aktivitäten auf dem Wasser oder Drahtesel. Kinder können ihre Tobe- und Kletterkünste auf dem Spielplatz unter Beweis stellen. Aber auch ein Tischtennis- oder Volleyballmatch sind direkt auf dem Campingplatz möglich. Sogar für das eigene Abendmahl auf dem Grill ist gesorgt, sofern man seine Angel im Untersee auswirft und das Glück mit einem ist.

Wenn am Abend die Sonne untergeht, die Wellen seicht gegen den Steg plätschern, die Kinderstimmen für den Tag verstummt sind, dann ist es

»Der Campingplatz besticht mit Natürlichkeit, Herzlichkeit und familiärem Flair.«

hier so friedlich, dass der Campinggast sein Glück kaum fassen kann. Das ist der Moment, in dem klar wird, warum Knattercamping mit den Worten »kleine Fluchten – große Freiheit« wirbt. Nicht nur direkt auf dem Campinglatz, auch im kleinen Dorf Bantikow, zu dem der Platz gehört, ist die Entschleunigung noch zu spüren. Überhaupt besticht die ländlich geprägte Region Ostprignitz Ruppin durch weite Flächen, kleine Städte und verschlafene Dörfer. Eine dieser Kleinstädte liegt quasi direkt am gegenüberliegenden Ufer des Untersees und trägt den Namen Kyritz, im Volksmund auch Kyritz an der Knatter. Knatter, da ist der Begriff wieder, doch wo kommt er her? Ein Fluss ist es nicht! Der Geschichte nach kommt der Name von der Geräuschkulisse der vier Mühlen, die dort einst im Einsatz waren.

Bei Sonnenuntergang auf dem Steg zu sitzen ist nach einem ereignisreichen Tag ein besonders entspanntes Vergnügen.

AUSFLÜGE IN DER NÄHE auf einen Blick

Rad	10 bis 20 km	Leicht	Empfehlung als Tagestour, Rundtour ab CP
Ort	10 km oder 20 km vom CP	Leicht	Halbtages- oder Tagestour

Doch für wen eignet sich Bantikows Kleinod eigentlich? Der Campingplatz bietet Stellplätze für Wohnmobile, Vans und Zelte und bietet vom Stromanschluss über Waschräume, Gemeinschaftsräume, Küche und Entsorgungsstellen alles, was der Camper braucht. Aber auch ohne Equipment kann hier entspannt werden, denn es gibt auch kleine skandinavische Ferienhäuschen. Alle diejenigen, die gerne alles ablegen, um sich frei zu fühlen, können ihren Standplatz auf dem separierten FKK-Teil des Campingplatzes buchen.

RADWANDERN MIT INSELFEELING

Wem danach ist, dieses Paradies zu verlassen, der kann direkt vor den Toren des Campingplatzes zu einer Rundtour um den Untersee aufbrechen. Mit dabei sollten auf alle Fälle Badesachen und eine Picknicktasche sein. Ob die knapp 20 Kilometer um den See zu Fuß oder mit dem Fahrrad zurückgelegt werden, entscheidet jede Familie ganz nach den Möglichkeiten ihrer Kinder. Der Weg ist das Ziel, und ein paar kleine und große Highlights zur Motivation sind auch dabei.

Am besten wird gen Norden gestartet, so hat man bei kindlicher Unlust schneller die Chance, die Route zu verkürzen. Zur Orientierung dienen die Wegweiser mit weißem Rechteck und grünem Mittelstrich. Entlang des Ufers, durch den Wald, vorbei an Feldern lassen sich Fischreiher, Wildgänse und mit etwas Glück manchmal sogar Fischotter, Biber und Seeadler beobachten. Kleine Badestellen laden immer wieder zu einem Sprung ins kühle Nass ein. Ungefähr zur Halbzeit erreicht man den Fähranleger in Kyritz. An den Sommerwochenenden sollte nun nach einer roten gusseisernen Pfanne Ausschau gehalten werden. Mit ihr ruft man den Fährmann, der die Familie, für einen schmalen Taler, auf die kleine Unterseeinsel bringt. Er kommt dann mit seiner »Polly Piff Paff« und schippert seine Gäste auf das Kleinod. Hier kann man nun entweder den Gaumen im Inselwirtshaus INSL verwöhnen lassen oder einfach bei Spiel und Spaß im Freien eine Tourpause genießen.

An dieser Stelle besteht die Möglichkeit, die Rundtour zu verkürzen. Mit kleineren Kindern empfiehlt es sich, von der Insel direkt nach Bantikow überzusetzen: Et voilà, der Campingplatz ist wieder da. Oder es geht ans Kyritzer Ufer und gen Südspitze über Wusterhausen zurück zum Knattercamping (www.insl.de).

Mit etwas Glück kann man auch Reiher am seichten Ufer beobachten.

ZURÜCK IN DIE VERGANGENHEIT – EINE RITTERLEGENDE UND MEHR

Die Umgebung besticht nicht allein durch ihre Natur, sie lädt auch ein, in die Geschichte auf kindgerechte Art einzutauchen.

Mit dem Auto geht es in nur zwölf Minuten nach Kampehl, um die Legende des Ritters (Kalebuz) Kahlbutz (1651–1702) zu erforschen. Im Gruftanbau der Kirche befindet sich die wohl berühmteste Mumie Deutschlands, deren Legende es zu erforschen gilt. Wer mag, kann im Anschluss ritterlich im ortseigenen Ritterhof speisen.

Weiter führt die Entdeckungstour von hier in das zwölf Kilometer entfernte Großderschau. Dort befinden sich der Kolonistenhof. Im Museum und dem angrenzenden Freigelände kann auf ganz anschauliche Art und Weise in die Entstehung der Region und das Leben und Arbeiten von damals eingetaucht werden. Unter anderem lassen ein Ziehbrunnen, historische Maschinen und Geräte die schwere körperliche Arbeit der Bauern erahnen. Im Museum erhalten Jung und Alt einen Einblick in die Historie der Nutzbarmachung der Region und ihrer Entwicklung von den Anfängen unter Friedrich II. bis ins 21. Jahrhundert. Immer wieder ins Staunen werden die Kinder versetzt, wenn sie in die Schulgeschichte des 18./19. und 20. Jahrhunderts entführt werden, in einer Zeit vor der digitalen Tafel und dem Internet. Die Mischung aus Museum und Freigelände ist optimal für einen Besuch mit der ganzen Familie.

Kleiner Tipp: Vor dem Besuch einen Blick auf die Website werfen, ob eventuell eine Veranstaltung stattfindet, denn dann sind die Chancen auf Backwaren aus dem Lehmbackofen oder eine Vorführung groß (www.grossderschau.de).

In der Dorfkirche in Kampehl hat der Ritter Kahlbutz seine letzte Ruhestätte gefunden.

Nur wenige Schritte sind es vom Stellplatz zum Ufer des glasklaren Breiten Luzin.

8 CAMPING AM BAUERNHOF (FELDBERG)

★★★★☆

Geeignet für Wohnmobile, Caravans und Zelte, 65 Standplätze, Anf. März–Ende Nov.
▶ Scholverberg, D-17258 Feldberg
Tel. +49 3983121084
GPS 53.344966, 13.456416
■ pincamp.de/mk8350

Naturnah am Wald: »Ich habe die Ziegen gestreichelt. Das Fell ist echt kratzig. Und dann habe ich noch die Enten gefüttert«, berichtet der sechsjährige Tom beim Abendessen begeistert seinen Eltern. Ein Tag voller Abenteuer liegt hinter ihm. Hier ist man mitten in der Natur. Der Campingplatz liegt landschaftlich äußerst schön inmitten der Feldberger Seenlandschaft am Südufer des türkisblauen Breiten Luzin. Wohnmobile, Wohnwagen und Zelte stehen auf großzügigen Stellplätzen auf einem leicht hügeligen Wiesengelände mit Terrassen am See.

Der Campingplatz und die Umgebung sind ideal für den Urlaub mit Kindern, die sich hier frei bewegen können und viele andere Kinder zum Spielen finden. Ein Highlight ist der Streichelzoo, dort warten Ziegen, Schafe, Schweine, Esel, Gänse, Enten und Kaninchen auf den Besuch. Große Attraktion, besonders für die Kleinen, ist der angrenzende Bauernhof. Viele der Stellplätze haben Seeblick, andere befinden sich ganz nah bei den Bauernhoftieren. So kann man diese schon am frühen Morgen aus dem Campingbett heraus be-

AUSFLÜGE IN DER NÄHE auf einen Blick

Tierwelt	33 km vom CP	Leicht	Halbtagestour
Ausflugsziel	42 km vom CP	Leicht	Tagestour

obachten. Da bleiben auch kleine Camper gerne noch etwas liegen.

Doch das ist noch nicht alles. Das naturnahe Camping am Bauernhof ist von Grün und Mischwald umgeben. Die Eiszeit hat die Landschaft geschaffen. Am mit Schilf bewachsenen Ufer gibt es verschiedene Seezugänge und Badestellen mit Stegen und vorgelagerten Badeplattformen. Nicht nur den Kindern gefallen das Planschen im erfrischenden, glasklaren Wasser des Sees, der Sprungturm und die Rutsche. Ein kleiner Spielplatz mit Kletterhaus will erobert werden. Und der Fuß- und Volleyballplatz kann von allen benutzt werden.

Auffällig ist die Ruhe, nur manchmal unterbrochen vom Jauchzen der Kinder. Wer gut hinhört, kann am Anfang des Sommers bei Anbruch der Dämmerung junge Waldohreulen hören. Die in den Wäldern lebenden scheuen Rehe und Dachse bekommt man dagegen eher selten zu sehen. Dafür entschädigt im Frühling und Herbst das Beobachten der Kraniche direkt am Campingplatz auf dem Feld gegenüber. In der Region leben Fischotter, Fischadler, Seeadler und andere seltene Vögel. Diese sind besonders gut vom Wasser aus zu beobachten. Wie gut, dass der Campingplatz Kajaks, Ruderboote und Kanadier für Ausflüge vermietet. Damit können auch Familien den See und seine Geheimnisse erkunden. Die Gegend eignet sich zum Wandern, Radfahren, Angeln, für Kanutouren und sogar Tauchgänge. Und in den benachbarten Ort ist es nicht weit.

Auch die Abende mit anderen Campern am gemeinsamen Lagerfeuer unter dem weiten Sternenhimmel bleiben für Kinder und Eltern unvergesslich.

Einen Greifvogel bei der Jagd zu beobachten gehört zu den besonderen Urlaubserlebnissen.

WUNDERBARE TIERWELT

Im liebevoll angelegten Tiergarten Neustrelitz leben rund 41 Tierarten bzw. etwa 400 Tiere. Darunter sind Haus- und Wildtiere und auch einige seltene Arten. Die Familie kann hier leicht ein paar Stunden verbringen. Die Wurzeln der gepflegten Anlage gehen bis ins 18. Jahrhundert zurück. Aus einem ehemaligen Jagdrevier und Wildgehege ist inzwischen ein sehenswerter öffentlicher Tiergarten geworden. Viele der Gehege, Volieren und Gebäude sind durch freiwillige Arbeit entstanden. Besonders Kinder sind begeistert davon, den Tieren hautnah zu begegnen, sie zu streicheln und durch einige der Gehege hindurchzumarschieren. Mit dem am Eingang gekauften Futter dürfen einige Tierarten auch gefüttert werden. Es gibt eine Mufflonherde, zahmes Damwild, Ziegen und Ponys und für die kleinsten Besucher Meerschweinchen und Kaninchen zum Anfassen. Ein Highlight für Eltern und Kinder ist das begehbare Gehege der Berberaffen, vor allem wenn Nachwuchs zu sehen ist. Im Tiergarten verbringt man auch im Sommer gerne Zeit. Große Bäume spenden Schatten. Die befestigten Wege sind für Kinderwagen und Rollstühle geeignet. Viele Sitzmöglichkeiten, mehrere große und kleine Spielplätze und eine gute Gastronomie runden den Besuch ab. Ein unvergessliches Erlebnis sind die kostenpflichtigen Sonderführungen der Tierpfleger bei Affen, Frettchen, Nasenbären und Stachelschweinen (www.tiergarten-neustrelitz.de).

»Der Campingplatz und die Umgebung sind ideal für den Urlaub mit Kindern, die sich hier frei bewegen können.«

WIE IM WILDEN WESTEN

Von April bis Oktober wird bei Templin der Wilde Westen lebendig. In der liebevoll gestalteten Westernstadt El Dorado Templin ist ganz schön was los. Familien können hier den ganzen Tag verbringen. Mit Postkutsche oder Planwagen geht es auf Entdeckungsfahrt über das Gelände. Bei verschiedenen Stuntshows gibt es Action und auch viel zu lachen. Aber Vorsicht, es wird laut. Gangster wollen die Bank überfallen, es wird geschossen, sich geprügelt, die Postkutsche rast über die Hauptstraße, und immer wieder fliegt etwas krachend in die Luft. Besonderes Highlight für kleine Cowboys und Cowgirls ist das Straßenduell mit den Jackson-Brüdern, bei dem die Kinder zum Mitmachen aufgefordert werden. Wert wird auf Authentizität gelegt. Kendal Grand Old Elk und seine Frau führen die Besucher mit Tänzen und Gesängen in die Kultur der nordamerikanischen Ureinwohner ein. Große und Kleine können sich im Bogenschießen und Lasso- oder Axtwerfen üben. Auf dem großen Abenteuerspielplatz gibt es eine Strohburg, Marterpfahl und Holztipis. Esel, Lamas, Ziegen und Hasen leben im Streichelzoo. Ponyreiten, Kinderbasteln und Kinderschminken sorgen für Abwechslung. Immer sonntags führt die Eldorado Stuntcrew Kinder bei einem Workshop in die Geheimnisse von Falltechniken ein. In zwei Teichen und langen Goldschürfrinnen geht es mit Schaufel und Pfanne auf die Suche nach Gold und Edelsteinen. Mit dem Camper darf man sogar auf dem Parkplatz übernachten (www.eldorado-templin.de).

In der Westernstadt El Dorado Templin gibt es Spaß und Spannung für alle Altersklassen.

DER SPIELPLATZ AUF DEM FREIZEITPARK KLAUKENHOF
IST VON MORGENS BIS ABENDS GUT BESUCHT.

DIE MITTE

CAMPINGPLÄTZE IN DER MITTE

WEITERE TOLLE PLÄTZE AUF PINCAMP.DE!

RUHRGEBIET UND SAUERLAND

Abenteuer in Höhen und Tiefen

9 Freizeitpark Klaukenhof → S. 51

10 Camping Sauerländer Ferienhof → S. 54

11 Camping Zur Hasenkammer → S. 58

Zeichenerklärungen für die Ausflüge → S. 188

NORDHESSEN UND THÜRINGEN

Spaß und Spannung in herrlicher Natur

12 Reiterparadies-Campingpark → S. 62

13 Campingplatz Am Bauernhof → S. 65

14 Familienhotel Rhönfeeling mit Campingplatz → S. 69

15 Landgasthof Probstei Zella → S. 74

16 Campingplatz Ferienhotel Wolfsmühle → S. 78

SÄCHSISCHE SCHWEIZ UND OBERLAUSITZ

Spektakuläre Landschaften

17 Ferienhof Mandry → S. 82

18 Freizeit- und Campingpark Thräna → S. 86

HUNSRÜCK

Nervenkitzel und Burgromantik

19 Höhenhof → S. 90

DIE MITTE DEUTSCHLANDS

Vom Ruhrgebiet über das Sauerland, Nordhessen, Thüringen und die Sächsische Schweiz bis in den Hunsrück: Die Mitte Deutschlands fasziniert mit herrlichen grünen Landstrichen, einzigartigen Wasserlandschaften und beeindruckenden Felsformationen. Es gibt auf den Bauernhöfen vieles zu erleben und zu entdecken. Und das Umland mit seinen zahlreichen Attraktionen bietet sich an, es mit der Familie zu erkunden.

IM FRÜHLING LEUCHTEN DIE RAPSFELDER RUND UM WITTEN.

Am Freizeitpark Klaukenhof finden die Kinder schnell viele neue Spielgefährten.

9 FREIZEITPARK KLAUKENHOF

Geeignet für Wohnmobile, Caravans und Zelte, 50 Standplätze, ganzjährig geöffnet
▶ Pelkumer Weg 51,
D-45711 Datteln

Tel. +49 2363365033
GPS 51.669342, 7.368137

■ pincamp.de/pin_232759

Paradies im Grünen: Am Dattelner Meer, umgeben von Industriekultur versteckt sich dieses Naturparadies direkt am Dortmund-Ems-Kanal. Wer sich nicht vorstellen kann, dass es zwischen Münster und Dortmund so grün, so ruhig und so natürlich stressfrei sein kann, muss sich einfach selbst überzeugen! Der Freizeitpark Klaukenhof ist ein Idyll für alle, die den perfekten Campingurlaub mit Kindern erleben wollen.

Saftig grüne Wiesen, Bäume, Felder, Wasser, Rad- und Wanderwege umzingeln das Gelände und mitten im Paradies der Campingplatz, mit allem, was das Herz von Groß und Klein begehrt. Kinder wollen Action und brauchen Bewegung – auf dem hofeigenen Spielplatz können sie nach Herzenslust toben und sich der einen oder anderen Herausforderung stellen. Krabbeln durch Röhren, Kletterbäume erklimmen, rutschen oder auf den Wegen kleine Laufrad-, Roller- bzw. Fahrradrennen fahren. In der Pause können sie direkt vom Spielplatz aus die Pferde und Esel auf der Weide beobachten, die Mutigen dürfen sie durch den Zaun streicheln – aber Füttern ist verboten. Für die Beobachter und Entdecker unter den Gästen heißt es Augen auf:

AUSFLÜGE IN DER NÄHE auf einen Blick

Rad	12 km	Leicht	Halbtagestour, Start am CP
Ort	ca. 20 km vom CP	Leicht	Halbtagestour

Eichhörnchen in den Baumkronen, Fasane auf dem Weg – und wer auf leisen Sohlen schleichen kann, der wird auch die Rehe auf dem Feld zu sehen bekommen. Der Streichelzoo auf dem Klaukenhof mit seinen Ziegen, Hasen und den Eseldamen macht das Angebotspaket fast komplett. Wären da nicht auch noch die eigene Bienenzucht und Imkerei, bei der alle etwas über die fleißigen Erdenbewohner lernen und natürlich den Honig genießen können. Am Ende eines aufregenden Tags darf die Grillhütte zur Sicherstellung des leiblichen Wohls genutzt werden, oder es wird im Restaurant Klaukenhof eingekehrt, um den Tag ausklingen zu lassen. Der Freizeitpark hat selbst schon jede Menge zu bieten, doch die nähere Umgebung setzt dem Ganzen noch ein Krönchen auf. Umgeben von Industriedenkmälern, Flüssen und Kanälen lassen sich sportliche Aktivität, Kultur und Geschichte im Grünen perfekt verbinden. Ob beim Wandern oder auf dem Rad, es gibt viel zu lernen und entdecken. Unbedingt eingepackt gehören Badesachen und eine Picknickdecke. Denn bei so viel Bewegung im Sonnenschein darf an den ausgewiesenen Badestellen ein Sprung ins kühle Nass nicht fehlen.

Der Freizeitpark Klaukenhof ist für jede Art des Campings gewappnet. Alle notwendigen Einrichtungen sind vorhanden, sogar für Bett & Ride haben sie sich qualifiziert, und wer mit dem Rad haltmacht, ist herzlich willkommen. Geöffnet ist das ganze Jahr; für alle, die schon einmal mit dem Wintercamping geliebäugelt haben, steht das Team Klaukenhof im Vorfeld sehr gerne beratend zur Seite.

An den Bienenstöcken im Schatten der Bäume und Büsche herrscht reger Betrieb.

INDUSTRIEKULTUR AM WASSER

Der Klaukenhof ist der perfekte Ausgangspunkt für eine Radtour zu einem absoluten Highlight, wenn es um Binnenschifffahrt und Industriekultur geht. Bevor es imposant, stählern und wässrig wird, geht es auf der knapp zwölf Kilometer langen Strecke vom Campingplatz aus über die Kanalbrücke Pelkumer Weg los Richtung Schleusenpark Waltrop. Durch den Wald, über Kanäle, vorbei an Wiesen und Feldern, im Zickzack durch die Landschaft, ein wenig Stadt, direkt am Kanalkreuz Datteln vorbei. Sogar das Dattelner Meer ist auf der anderen Seite des Ufers deutlich zu sehen. Aus dieser Richtung kommend wird das Pferd von hinten aufgezäumt, denn zuerst steht man vor dem aktiven »neuen

Hebewerk Henrichenburg« aus dem Jahr 1962. Von der Brücke noch eine Draufsicht erhascht, geht es nach unten auf das Inselchen, um die »Lebende Sonnenuhr« unter die Lupe zu nehmen.

Einen Steinwurf entfernt auf dem Nachbarinselchen lassen sich nach Lust und Laune der Schleusenpark Waltrop, die Alte Schachtschleuse Henrichenburg, das neue Hebewerk, historische Schiffe und Maschinen und im Echtbetrieb die Funktionsweise des Hebewerks bestaunen. Zu guter Letzt steht noch der Besuch des »alten Schiffhebewerks« an, das von Kaiser Wilhelm II. 1899 selbst eröffnet wurde und heute ein Museum ist. Kleine Gäste können sich auf dem hiesigen Wasserspielplatz vergnügen, sofern sie kein Interesse am Museum haben. Für den Rückweg hat man die Wahl, die etwas kürzere Route entlang der Bundesstraße durch die Ortschaften oder die Hinroute zu nehmen (www.schiffshebewerk-henrichenburg.lwl.org/de).

»Herrlich, wie grün und ruhig es zwischen Münster und Dortmund sein kann.«

ZURÜCK IN DIE VERGANGENHEIT

Bis heute assoziieren die Menschen mit Nordrhein-Westfalen Zechen, Kokereien, mächtige Schornsteine und Industrie, so weit das Auge reicht. Zu Recht, so waren Braun- und Steinkohleförderung über lange Zeit ein Hauptindustriezweig der Region. Diese Zeiten sind vorbei, doch ihre Industrieanlagen sind zum Teil noch da und laden Groß und Klein auf eine aktive Entdeckungstour ein. In rund 30 Minuten erreicht man vom Campingplatz aus die alte Kokerei Hansa in Dortmund. Ein begehbares Industriedenkmal, welches seine Besucher auf einem Erlebnispfad durch seine Geschichte und Gegenwart mitnimmt. Heraus aus dem Naturidyll Klaukenhof fühlt man sich wie in eine andere Welt gebeamt. Eine Welt aus rostigem Stahl, roten Ziegelsteinen und einem Mix aus Industrie und Natur. Seit 1870 wurde hier Kohle gefördert, seit 1895 eigenen Koks hergestellt, und seit 1992 ruhen die Maschinen. Viel Zeit für Mutter Natur, sich das ein oder andere zurückzuerobern. Genügend Zeit auch, um daraus ein lebendiges Museum zu machen. Egal ob Groß oder Klein, ein Besuch hier wird ein unvergessliches Erlebnis für alle sein. Dem rauen Charme kann sich einfach keiner entziehen. Wenn dann noch während einer Führung einer der alten dampfbetriebenen Gaskompressoren angeschmissen wird, hat die alte Kokerei ihren Platz in den Erinnerungen fest verankert (www.industriedenkmal-stiftung.de/denkmale/kokerei-hansa).

In der Kokerei Hansa in Dortmund sind noch einige alte Industrieanlagen zu sehen.

Weit reicht der Blick über die malerische Landschaft vom Camping Sauerländer Ferienhof.

CAMPING SAUERLÄNDER FERIENHOF 10

Geeignet für Wohnmobile, Caravans und Zelte
▶ Landenbeck 1, D-59889 Eslohe
Tel. +49 29733233
GPS 51.25805, 8.26007
▪ pincamp.de/pin_238313

Landleben hautnah: Sanfte Hügel, saftiges Grün, frische Landluft und Fachwerkhäuser – herzlich willkommen in Eslohe auf dem Sauerländer Ferienhof! Bauernhofferien, wie sie im Buche stehen. Während Familie Stratmann ihren Milchviehbetrieb bewirtschaftet, dürfen sich die Gäste zurücklehnen, beobachten und genießen.

Der Familienbetrieb hat sich zum Ziel gesetzt, seinen Gästen einen unvergesslichen Campingurlaub auf dem Bauernhof zu bescheren. Umgeben von Wiesen und Feldern unweit des Hennesees kann man den Sommer hier sogar riechen, sofern er sich zeigt. Und zwar in der Form, wie nur der Sommer riecht, nach Wiesenblumen. Direkt auf dem Hof kann der Geruch ein wenig abweichen, aber wer Bauernhof bucht, sollte auch Bauernhof bekommen. Neben den Kühen und Kälbern des Milchviehbetriebs gibt es für die Gästekinder und ihre Eltern noch mehr Möglichkeiten, tierische Freundschaften zu schließen. Ganz nach Belieben kann dabei zwischen Katzen, Hasen, Schafen, Hühnern, einem Hofhund und den Ponys gewählt werden. Wer sich nicht entscheiden kann, »nimmt« sie eben alle. Die zwei Ponys dürfen nicht bloß gestreichelt, sondern nach Absprache auch geritten werden, und das ganz ohne Aufpreis. Ideal für alle Kinder, die es immer mal probieren wollten. Selbst die, die bisher Angst hatten, sollten einen Versuch starten, denn hier auf dem Hof haben sie die wunderbare Möglichkeit, die Tiere erst einmal kennenzulernen und sich heranzutasten. Abgesehen von den Tieren lässt sich auf dem weitläufigen Gelände nach Herzenslust toben.

Ob auf dem Spielplatz oder auf der Wiese, es ist genug Platz für alle da. Ein besonderes Highlight ist die Spielscheune. Sie steht nicht nur als Schlechtwetteroption da, sondern hat ihre Tore auch bei gutem Wetter geöffnet. All diejenigen, die übers Wochenende da sind, haben die Möglichkeit, sich frische Brötchen für das perfekte Frühstück im Freien liefern zu lassen – einfach rechtzeitig die Bestellung aufgeben.

Je länger der Aufenthalt auf dem Ferienhof, desto mehr Tipps lassen sich aus den Stratmanns herauskitzeln. Sie kennen ihre Heimat und haben für fast alle Familienwünsche einen Vorschlag parat. Außerdem soll es vorkommen, dass der Bauer Franz hin und wieder zur Trompete greift und deren Klänge über den Hof schallen. Wie er zur Trompete kam und ob das vielleicht sogar Einfluss auf seine Kühe hat, das kann ihn jedes Kind selber fragen. Angereist werden kann mit den unterschiedlichsten Campingunterkünften. Wer sich vor Ort lieber im öffentlichen Nahverkehr fortbewegt, dem sei die Schmallenberger Sauerland Card empfohlen, aber auch allen anderen Gästen. Mit ihr fährt man kostenfrei in den Öffis und bekommt noch jede Menge Rabatt bei Freizeitaktivitäten in der Region.

»Die beliebte Spielscheune ist bei jedem Wetter geöffnet.«

Alle Kälbchen sind zutraulich, aber das braun-weiße ist besonders neugierig.

AUSFLÜGE IN DER NÄHE auf einen Blick

(Ort)	13 km vom CP	Leicht	Nach Lust und Laune
(Höhle)	40 km vom CP	Leicht	Halbtagestour
(Ort)	32 km vom CP	Leicht	Halbtagestour

AUF DER HIMMELS-TREPPE AM HENNESEE

Mehr als 300 Stufen gilt es zu bezwingen, da mag das ein oder andere kurze Beinchen schon ans Kapitulieren denken. Der Trick liegt darin, die Kinder zählen zu lassen, die Gangart zu wechseln oder einfach zwischendrin anzuhalten und zurückzublicken auf das, was schon geschafft wurde. Am Fuße der Treppe dürfen sie am Trinkwasserbrunnen die Flaschen füllen, bevor es losgeht. Gigantisch wirkt der Stahlkoloss. Ganz klein fühlt man sich, wenn man vor der ersten Treppe steht und nach oben blickt. Eine schier nicht enden wollende Zahl an Treppenstufen reckt sich dem Himmel entgegen. Jeder, der von unten nach oben schaut, weiß sofort, warum die Himmelstreppe heißt, wie sie heißt. Genau von diesem Punkt scheint sie im Himmel zu enden. Vorweg sei eines versprochen: Der Aufstieg lohnt sich, auch für die Kleinen. Der Ausblick auf den Damm und den Hennesee sowie das Panorama der Stadt sind unglaublich schön und beeindruckend. Aus der Vogelperspektive sieht es sich eben doch am besten. Über die L740 sind es keine 15 Minuten zum Parkplatz. Von dort ist es ein Minispaziergang zur Treppe und zum Aufstieg. Wem es am Tage zu warm sein sollte, der kann auch in der Dämmerung beziehungsweise zum Sonnenuntergang kommen. Alles hat seinen Reiz, die Treppe ist dann beleuchtet, und das gibt dem Ganzen noch einmal ein ganz besonderes Flair (www.sauerland.com/de/outdooractive-pois/himmelstreppe).

Genau 333 Stufen führen hinauf auf die Dammkrone.

ABGETAUCHT IN DER UNTERWELT – DURCH DIE ATTA-HÖHLE

Ganz gleich, wie sehr die Sonne auch scheint, zur Grundausrüstung für diesen Ausflug gehören unbedingt festes Schuhwerk und eine Jacke plus Pullover. Tropfsteinhöhlen haben etwas Magisches, Mystisches, Verwunschenes an sich, weshalb sich Jung und Alt gleichermaßen für sie begeistern können. Ein ideales Ausflugsziel für die ganze Familie eben. Auf einem ca. 40-minütigen geführten Rundgang erfahren die Besucher alles über die Entdeckung und Entstehung der Höhle. Warum nur knapp ein Viertel zur Besichtigung freigegeben ist, woher sie ihren Namen hat und wie der Käse in die Höhle kam. Sobald man die Höhle betritt, fällt es schwer, mit dem Staunen hinterm Berg zu halten. Beeindruckt gelangt man von einem der gekonnt in Szene gesetzten und angestrahlten Tropfsteingebilde zum nächsten. Bleibt stehen, versucht Figuren zu interpretieren

Der Hennesee liegt malerisch eingebettet in der bewaldeten Hügellandschaft.

und lauscht dem steten Widerhall der sich lösenden Tropfen, wenn sie am Boden aufschlagen. Ein Wunderwerk der Natur, welches noch lange in Erinnerung bleiben wird. Neben den natürlich geformten Steinen gibt es in der Höhle noch einen natürlich gereiften gleichnamigen Käse. Noch nie davon gehört? Dann gibt es ab einer Gruppengröße von zehn Personen die Möglichkeit, eine Verkostung zu buchen. Oder aber man gönnt sich auf dem Weg nach draußen ein Stück zum Mitnehmen und probiert es am Abend beim gemütlichen Abendessen auf dem Campingplatz (www.atta-hoehle.de).

WIE EIN ÄFFCHEN IM BAUM – KLETTERWALD WINTERBERG

Zugegeben, die wenigsten von uns bewegen sich so schwungvoll und geschmeidig wie unsere Artverwandten auf den Bäumen, doch Übung macht bekanntlich den Meister. Und ein Ausflug in den Kletterwald von Winterberg ist der perfekte Ort für die ganze Familie, um sich neuen Herausforderungen zu stellen und Muskelpartien zu benutzen, von denen man nicht mal wusste, dass man sie hat. Das Schöne am hiesigen Kletterwald: Hier kommen sogar die Allerkleinsten auf ihre Kosten. Jeder, der laufen kann und sich traut, der kann probieren. Fünf verschiedene Parcours mit unterschiedlichen Niveaustufen und Höhen gibt es zu erobern. Nach der obligatorischen Sicherheitseinweisung kann losgeklettert werden. Es gibt schwingende Treppen, Leitern, Seilbahnen u. v. m. zu bezwingen. Wobei das Rauf in der Regel weniger Schwierigkeiten bereitet als das Runter. Hochklettern geht auch angespannt und verkrampft im Notfall, aber sich runterschwingen aus mehreren Metern Höhe, sich einfach fallen lassen, das bedarf bei manchem so einige innere Kämpfe mit den kleinen Schweinehunden. Aber der Stolz, der sich breitmacht, nachdem man sich getraut hat, ist unbezahlbar, und die Motivation, auch die nächste Station zu bezwingen, steigt. Wer sich nicht überwinden kann, der begleitet einfach den mutigen Nachwuchs und feuert ihn an. Oder begibt sich zum Kinderparcours. Nichts ist hier höher als hüfthoch, sodass auch die Kleinsten Spaß haben, klettern können und den Eltern beim Zusehen nicht das Herz in die Hose rutscht (www.erlebnisbergkappe.de/ausflug-freizeitaktivitaet-winterberg/kletterpark-winterberg-sauerland).

Auch die Kühe auf der Weide genießen zwischendurch immer wieder den herrlichen Blick.

CAMPING ZUR HASENKAMMER 11

Geeignet für Wohnmobile, Caravans und Zelte, 40 Standplätze, Anf. Jan.–Ende Okt., Ende Nov.–Ende Dez.
▸ Hasenkammer 4, D-59964 Medebach

Tel. +49 29828302
GPS 51.213801, 8.6945

■ pincamp.de/pin_104751

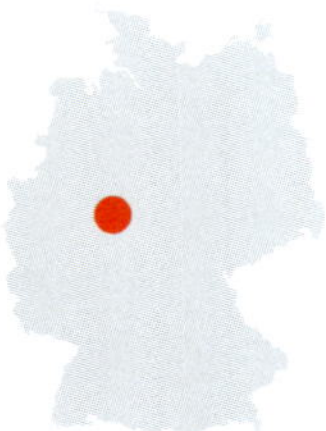

Naturidyll: Mitten im Sauerland, dort, wo sich Fuchs und Hase gute Nacht sagen, befindet sich ein Ferienkleinod, das seinesgleichen sucht – der Ferienhof zur Hasenkammer. Ein aktiver Milchviehbetrieb, der Bauernhofleben mit Freizeitvergnügen ideal kombiniert. Zwölf Monate im Jahr kann hier aktiv entspannt und genossen werden.

Familie Schmidt sorgt mit ihrem Rundum-sorglos-Paket für einen unvergesslichen Campingaufenthalt mitten in der Natur. Einmal angekommen und aufgebaut, lohnt es sich, kurz innezuhalten und den Blick auf das Panorama der Mittelgebirgslandschaft zu richten, einfach herrlich. Spätestens jetzt hat man das Gefühl, angekommen zu sein, und ist bereit für die ersten Erkundungen. Wie wäre es, gleich mit einem Highlight zu starten? Der Gästestall – täglich können Gästekinder und ihre Begleiter in der Zeit von 14 bis 17 Uhr beim Füttern und Melken zusehen und wissen so direkt, wo der Hase langläuft oder, besser ausgedrückt, wo die Milch herkommt. Neben den Nutztieren gibt es auch ein Hasenhaus, in dem Kuscheln erlaubt ist, sowie Hühner, Schafe, Ziegen und Ponys. Da sollte für jeden etwas dabei sein. Selbstverständlich gibt es während des Aufenthalts mehr als nur die Tiere zu entdecken. Da wäre ein riesiger Spielplatz, bei dem es für ganz kleine und größere Entdecker so einiges zum Ausprobieren gibt. Sogar ein Sonnensegel schützt die Kleinsten beim Spielen. Für die mutigeren Abenteurer ist das Hasenbeet genau der richtige Ort, um Kletterkünste und Balance über Wasser unter Beweis zu stellen. Doch damit nicht genug, das Wiehern war nicht zu überhören, die Ponys und Pferde dürfen gepflegt und geritten werden, wann immer es die Zeit der Tochter des Hofs Juliane, ihres Zeichens Erzieherin, zulässt. In der Hauptsaison findet sich im Hof ein Aushang über das Hofprogramm, eigens konzipiert für die

»Hühner, Schafe, Ziegen und Ponys. Da sollte für jeden etwas dabei sein.«

Gästekinder. Mindestens zweimal pro Woche wird hier zu weiteren Aktionen eingeladen. Das kann von Joghurtmachen, Basteln, Schnitzen, Kinderkino bis hin zur nächtlichen Fackelwanderung

Beim Hühnerfüttern ist wichtig, dass alle etwas abbekommen.

alles sein. Einfach einen Blick auf den Aushang werfen und mitmachen. Wer die Natur etwas genauer unter die Lupe nehmen, mehr über heimische Baum-, Kräuter-, Tier- oder Beerenarten lernen will, der kann an einer Erlebniswanderung teilnehmen, die über den Bauernhof vermittelt wird.

Als wäre dies alles noch nicht genug, gibt es für alle Stellplatznutzer noch zwei Goodies on top: Zum einen wären da frische Brötchen, Eier und die Milch, die sich jede Familie täglich kostenfrei abholen kann, und zum anderen ist die Nutzung der hiesigen öffentlichen Verkehrsmittel für Gäste kostenfrei!

AUSFLÜGE IN DER NÄHE auf einen Blick

	900 m vom CP	Leicht	So lange die Kraft reicht
	ca. 17 km vom CP	Mittel	Halbtages- oder Tagestour

AVENTURA – DER ABENTEUER-SPIELPLATZ FÜR DIE GANZE FAMILIE

Wer Kinder mit größerem Altersunterschied hat, der weiß, wie schwierig es manchmal sein kann, etwas zu finden, das allen gerecht wird. Direkt in Medebach gibt es die perfekte Lösung. Manchmal ist das Gute eben doch ganz nah. Gestartet wird zu Fuß auf dem Campingplatz, und nach knapp zehn Minuten ist man bereits am Spielberg AVENTURA. Freier Eintritt und 13 000

Am Spielberg AVENTURA ist das Freizeit- und Spielangebot für alle Altersgruppen groß.

Quadratmeter laden alle ein, sich auszuprobieren, zu toben, zu klettern und manchmal auch über sich hinauszuwachsen und sich etwas zu trauen. Klettertürme, Wackelbretter, Seile, Riesenrutschen, Wasserspiele für die Kleinsten, Labyrinth – da bleiben keine Wünsche offen.

Für diejenigen, die weniger wagemutig sind, aber dennoch sportlich aktiv sein wollen, gibt es einen Fitnessparcours, auf dem alle Muskelpartien trainiert werden können. Ihr liebt Wettkämpfe und Herausforderungen? Dann ist der Wettkampfparcours vielleicht das Richtige, und wer den Gipfel erreicht, wird mit einem atemberaubenden Blick auf die Medebacher Bucht belohnt. Alles in allem gilt AVENTURA als Europas längstes Spielgerät mit 160 Metern Länge und 32 Höhenmetern, die es zu überwinden gilt. Wasser und eine kleine Stärkung sollten unbedingt dabei sein, damit vor Antritt des Rückwegs noch ein wenig Kraft auf einem der Waldsofas getankt werden kann (www.aventura-medebach.de).

NICHTS FÜR SCHWACHE NERVEN – SKYWALK & MÜHLENKOPFSCHANZE WILLINGEN

Okay, zugegeben: Das ist nichts für jedermann, aber für alle, die keine Höhenangst haben und sich gerne einmal selbst herausfordern, ist es genau das Richtige – der Skywalk! Der Skywalk Willingen ist die längste Hängebrücke Deutschlands, die zweitlängste Fußgängerhängebrücke der Welt und wurde erst im Juli 2023 eröffnet. Sie wirkt gigantisch, ist ein wenig Furcht einflößend, doch wenn man den inneren Schweinehund überwunden und die ersten wackeligen Schritte getan hat, dann ist es nur noch überwältigend.

Auf 665 Metern Länge spannt sie sich in 100 Metern Höhe über das Tal. Ein absolut erhabenes Gefühl und der Ausblick erst. Mut wird belohnt, auch mit Glücksgefühlen. Es ist auch völlig in Ordnung, wenn man sich zwischendrin fragt – warum tu ich das überhaupt? Vor allem, wenn ein Scherzkeks meint, extra dolle wackeln zu müssen, doch am Ende überwiegt die Freude, es getan, geschafft und erlebt zu haben. Gestartet wird an der Mühlenkopfschanze, der größten Skisprungschanze der Welt. Hier geben sich die Superlative die Klinke in die Hand.

Es empfiehlt sich, im Vorfeld ein Kombiticket für beides zu erwerben; sollte dem ein oder anderen Familienmitglied der Mut abhandenkommen, so teilt man sich eben auf, und die weniger schwindelfreien sehen sich die beeindruckende Schanze einfach ein wenig länger an oder laufen im Tal zur anderen Seite und schließen die Abenteurer dort wieder in die Arme. Beide Bauwerke sind Meisterwerke ihrer Art und eine Besichtigung wert, egal ob mit sicherem Abstand oder hautnah erlebt (www.skywalk-willingen.de).

Ganz schön tief runter gehts da – aber die Brücke hält!

Im Reiterparadies Campingpark steht natürlich das Reiten im Mittelpunkt.

REITERPARADIES CAMPINGPARK 12

★★★★☆

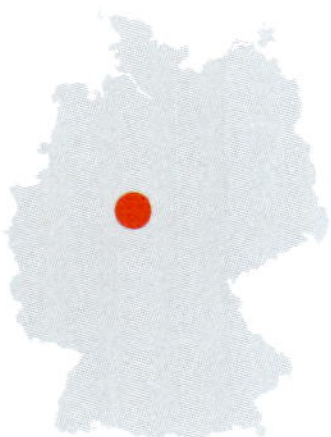

Geeignet für Wohnmobile, Caravans und Zelte, 150 Standplätze
▶ D-34396 Zwergen
Tel. +49 56761509
GPS 51.480383, 9.300433
■ pincamp.de/hs400

Zwischen Pferden und Ponys: Hier fallen Kinder abends, nach den Aktivitäten des Tags, todmüde, aber glücklich ins Bett. Der Campingplatz in Nordhessen ist schön gelegen und bietet viel für Familien und vor allem Pferdenarren. Denn mit zur Anlage gehört ein eigener Ponyhof. Die Stellplätze für Wohnwagen, Wohnmobile und Zelte befinden sich direkt am idyllischen Gut. Umgeben von malerischer Landschaft und einem alten Baumbestand, der Schatten spendet, fühlen sich Naturliebhaber wohl. Vom terrassierten Südwesthang hat man direkt vor dem Camper einen herrlichen Blick ins Warmetal. Da die Zufahrt zu manchen Plätzen etwas schwierig ist, bringt das Team des Campingplatzes Wohnwagen mit dem Trecker sicher ans Ziel. Auf der großen Wiese ist freie Platzwahl. Auch größere Fahrzeuge finden Platz.

Jeder Tag ist voller Abenteuer, Spaß und neuer Erfahrungen. Dabei liegt das Glück der Erde auf dem Rücken der Pferde. Im Zentrum des Campingaufenthalts stehen die 126 hofeigenen Ponys und Pferde. Das tägliche Ponyreiten für Kinder ist in der Übernachtungsgebühr inklusive, genauso wie viele andere Aktivitäten, bei denen

AUSFLÜGE IN DER NÄHE auf einen Blick

(Fernglas)	22 km vom CP	Mittel	5 Std. oder als Tagestour
(Ort)	24 km vom CP	Mittel	4 Std. oder als Tagestour

die Vierbeiner im Mittelpunkt stehen. Die Ponys werden geputzt, gefüttert und betreut. Es gibt immer etwas zu lernen, denn im Reiterparadies wird ohne Sattel geritten. Ponyspiele, Putz-Wettbewerbe, bei denen die Ponys um die Wette strahlen, Ponyspaziergänge durch abwechslungsreiche Landschaft oder das gemeinsame Baden mit den Tieren im erfrischenden Bach sind unvergessliche Erlebnisse. Beim Voltigieren, Turnübungen auf dem Pferderücken, verlieren Kleine und Große ihre Scheu und trainieren das Gleichgewicht. Spannende Theoriestunden über die faszinierende Welt der Pferde sorgen für weitere Sicherheit im Umgang mit den Vierbeinern. Dazu kann kosten-

»Jeder Tag ist voller Abenteuer, Spaß und neuer Erfahrungen.«

pflichtiger Reitunterricht gebucht werden. Mit erfahreneren Reitern geht es zum Ausreiten in die schöne Umgebung. Für Erwachsene werden Unterrichtsstunden auf Großpferden (mit Sattel) angeboten.

Zusätzlich zu den aufregenden Aktivitäten mit den Ponys gibt es viele Möglichkeiten, neue Freundschaften zu schließen. Bei gutem Wetter, aber auch an Regentagen ist immer etwas los. Besonders beliebt ist der großzügig gestaltete Spielplatz, der von einem Bachlauf durchzogen ist. Hier können die kleinen Gäste nach Herzenslust herumtollen und im Wasser planschen.

Die Spielscheune ist ein weiterer Anziehungspunkt. Für Abwechslung sorgt ein individuelles Programm. Beim Flechten oder kreativen Basteln entstehen eigene Kunstwerke. Luftpistole- und Bogenschießen, Schnitzeljagden, Versteckenspielen im weitläufigen Gelände, Schatzsuchen oder Sandburgen-Wettbewerbe lassen keine Langeweile aufkommen. Nach einem ereignisreichen Tag bieten Lagerfeuerabende, bei denen Geschichten erzählt werden, und ein Kinoprogramm mit spannenden Filmen den Tagesabschluss.

Auf dem Campingplatz bieten eine Fülle von Aktivitäten unvergessliche Erlebnisse. So kommen viele Familien immer wieder gerne nach Zwergen.

Wenn ich noch etwas übe, treffe ich genauso gut wie Robin Hood.

TIERE, DIE NICHT JEDER KENNT

In der Nähe von Hofgeismar befindet sich einer der größten und ältesten Tierparks in Europa. Schon im 16. Jahrhundert wurde auf dem Gelände unterhalb von Schloss Sababurg ein Tiergarten angelegt. Teiche und die fünf Kilometer lange Tierparkmauer stammen aus dieser Zeit. Einen guten Eindruck vom großzügigen Gelände mitten im Reinhardswald bekommt man bei Panoramarundfahrten mit der gasbetriebenen Parkbahn. Heute sehen Besucher hier 80 verschiedene Tierarten, darunter sind auch seltene Arten. Wisente, Dybowski-Hirsche, Vielfraße, Przewalski-Pferde oder Wölfe leben in großen, naturnahen Gehegen. Auf dem Bauernhof mit Archepark stehen vom Aussterben bedrohte Haustierrassen im Mittelpunkt. Dazu kommt ein Lapplandlager mit Rentieranlage. Viele Informationen zum Verhalten der Tiere erfährt man bei den Schaufütterungen der Tierpfleger. Dreimal am Tag werden Greifvogelflugvorführungen angeboten. Im Kinderzoo gibt es Kontaktzonen, in denen viele der Tiere mit im Park verkauftem Spezialfutter gefüttert werden dürfen. Neben dem Kinderzoo finden Familien einen großen Kinderspielplatz, der im Sommer um einen Wasserspielplatz erweitert wird. Beliebt ist auch eine Runde mit der Kindereisenbahn (Tierpark Sababurg, Sababurg 1, 34369 Hofgeismar, www.tierpark-sababurg.de).

Beeindruckend sind die riesigen Wisente im Tierpark von Schloss Sababurg.

MYSTISCHE WASSERSPIELE

Der besondere Park im Stil eines englischen Landschaftsgartens gehört zu den UNESCO-Welterbestätten und ist sehr weitläufig. Am Hang des Habichtswalds wächst eine Vielfalt von Bäumen und Pflanzen. Auf dem Gipfel des Karlsbergs steht das Wahrzeichen von Kassel. Der »Herkules« ist eine große Figur auf einem mächtigen Monument. Von der Aussichtsplattform hat man einen herrlichen Blick. Wer mit dem Shuttle nach oben fährt, spart sich den anstrengenden Aufstieg. Die romantische Löwenburg aus dem 17. Jahrhundert wurde schon als Teilruine gebaut und regt die Fantasie an. Das Heckenlabyrinth daneben ist ideal zum Versteckenspielen. Dazu kommen ein großes historisches Gewächshaus und über 1000 verschiedene Sorten von Wild-, Strauch- oder Kletterrosen.

Die Hauptattraktion sind Wasserspiele, die von Mai bis September am Mittwoch, Sonntag und Feiertag gezeigt werden. Seit über 300 Jahren findet die Inszenierung ohne technische Hilfsmittel oder Pumpen statt. Ausgangspunkt ist am Herkules, das Wasser fließt weiter über Kaskaden, Wasserfall, Höllenteich und Aquädukt zum Fontänen- und Schlossteich. Auch ohne Wasser sind die Bauten faszinierend (Bergpark Wilhelmshöhe, www.heritage-kassel.de).

Auf dem Campingplatz am Bauernhof können alle bei der Bauernhofarbeit mitmachen.

13 CAMPINGPLATZ AM BAUERNHOF

Geeignet für Wohnmobile, Caravans und Zelte, 25 Standplätze, Mitte März–Ende Okt.

▸ Zum Lierloch 1,
D-34593 Niederbeisheim

Tel. +49 5685228
GPS 51.03328, 9.53543

▪ pincamp.de/hs_106973

Bauernhofleben hautnah: Im Rotkäppchenland, da wo sich Tradition und Komfort miteinander verbinden und vier Generationen Hand in Hand zusammenarbeiten, genau dort beginnt der Urlaubsspaß für die ganze Familie. Seit den 1970er-Jahren kommen die Gäste nach Niederbeisheim, um Campingfeeling mit Bauernhoferlebnis zu kombinieren.

Auf dem Campingplatz am Bauernhof ist der Name Programm, und doch fehlt es den Gästen nicht an modernem Komfort. Klein und Groß haben die Qual der Wahl zwischen Ausprobieren, Toben, Nichtstun, Wandern, Genießen, Schlemmen der hofeigenen Produkte und natürlich Entdecken und Mitmachen. Denn so ein Campingplatz am Bauernhof lädt zum Kennenlernen der Bauernhofarbeit und der Hoftiere ein. Entsprechend der Öffnungszeiten von März bis Oktober haben Jung und Alt die Chance, die verschiedenen Etappen zu erleben. Wenngleich Schweine, Pferde, Hasen, Ziegen und das Federvieh das ganze Jahr über hier zu Hause sind.

Mit dem Frühlingserwachen der Natur geht es los. Für das Geflügel heißt das Brutzeit, und auch die Chance auf Babyhäschen ist riesengroß, denn es ist Nachwuchszeit. Die Feldarbeit ist wieder in vollem Gange, und wer möchte, darf nach Abspra-

»Klein und Groß haben die Qual der Wahl: Ausprobieren, Toben, Nichtstun, Wandern, Genießen, Schlemmen sowie Entdecken und Mitmachen.«

che gerne im Stall helfen. Wer seinen Sommerurlaub hier verbringt, kommt um das Knattern und Rattern der Landmaschinen nicht herum. Es ist Erntezeit! Wo einst die gelbe Pracht des Rapses zu sehen war, verschwindet der Farbklecks bis zum nächsten Jahr. Herbstcamper kommen in den Genuss der hofeigenen Kartoffelernte, und je nach Wetter kann auch schon der Umzug in die Winterquartiere live erlebt werden. Hier werden Camping- und Bauernhofferienträume wahr.

Für den unwahrscheinlichen Fall, dass einem bei so viel Auswahl doch einmal langweilig wird, ist für Abhilfe gesorgt. Neben Bauernhofbetrieb und Streichelzoo können sich kleine wie große Kinder auf dem Spielplatz austoben oder bei Schlechtwetter in der Spielhütte Tischtennis oder Kicker spielen. An besonders heißen Sommertagen kann sich im ortseigenen Schwimmbad abgekühlt werden. Seit 2022 gibt es für die kleinen Gäste von drei bis acht Jahren noch ein ganz besonderes Schmankerl – Tines Ponybande. Die Ponyschule gehört zum Hof, ebenso Tine (Bettina), die sich damit einen Traum erfüllt und das Angebot für rundum glückliche Ferien erweitern konnte.

Im Streichelzoo warten schon alle Tiere auf ihre täglichen Besucher.

Welche Art von Camping ist in Niederbeisheim zwischen den weiten Feldern am Rande der Mittelgebirgswälder möglich? Camping für jedermann, ob mit Zelt, Caravan oder Wohnmobil, alles ist möglich. Je nach Bedarf stehen Strom- und Wasseranschluss zur Verfügung, und auch eine Entsorgungsstelle ist vor Ort. Es wird der Familie an nichts fehlen, wenn sie Camping auf dem Bauernhof macht. Die eigentliche Gefahr ist, dass keiner mehr nach Hause will.

DAS LEBENDIGE BIENENMUSEUM KNÜLLWALD

»Summ, summ, summ – Bienchen summt herum […]« Ein jeder kennt das Kinderlied, doch wer weiß eigentlich wirklich, wie die Bienen leben, wo sie leben und vor allem: Wie kommt der Honig ins Glas auf unserem Tisch? Um das zu erfahren, lohnt sich ein Besuch im lebendigen Bienenmuseum, direkt vor der Haustür des Campingplatzes am Bauernhof. Ein 20-minütiger

AUSFLÜGE IN DER NÄHE auf einen Blick

Ort	1,5 km vom CP	Leicht	Nach Lust und Laune
Wanderung	31 km vom CP	Leicht	mindestens 4 Std.

Spaziergang durch den Ort bringt Licht ins Dunkel und beantwortet all diese Fragen. In der Dauerausstellung des Museums erfahren Jung und Alt das Wichtigste über die Beziehung von Mensch, Biene und deren Artverwandten, erhalten Einblicke in die Haltung und Honigherstellung. Mithilfe der Exponate, wie Stroh(bienen)körben, Wespennestern und Imkereiequipment, hat der Besucher die Möglichkeit, hautnah in ihre Welt einzutauchen. Richtig lebendig wird es bei einem Gang ins Freie. Bei einem Spaziergang durch den museumseigenen Garten mit seinen Blumen und Obstbäumen wird aus der grauen Theorie ein Anschauungsplatz. Den Bienen kann bei der Arbeit in ihrer natürlichen Umgebung zugesehen werden und mit ein wenig Glück auch einem Imker. Nach so viel Wissenszuwachs und Beobachten lässt sich dies am besten bei einem Honigbrot oder Stückchen Bienenstich verarbeiten. Wer möchte, kann hier im Museumscafé sogar Nisthilfen für Wildbienen bauen oder Honig schleudern (www.lebendiges-bienenmuseum.de).

Es ist spannend, dem Imker im Bienenmuseum Knüllwald bei seiner Arbeit zuzusehen.

ENTDECKERTOUR IM ROTKÄPPCHENLAND – »NUFF UND NOPP«

Der Spagat, um Kinder verschiedenen Alters mit teils konträren Interessen zufriedenzustellen und somit einen rundum entspannten Familienurlaub zu haben, ist für Eltern nicht immer leicht. Zum Glück hat nicht nur der Campingplatz am Bauernhof selbst viel zu bieten, sondern er liegt noch dazu im sogenannten Rotkäppchenland. Der Name der Region kommt, ganz richtig, in Anlehnung an das Märchen, denn Nordhessen wird ganz offiziell auch als »Grimm-Heimat« bezeichnet. Hier kann man sich aktiv auf die Spuren der Grimm'schen Märchen begeben. Im kleinen Städtchen Neukirchen geht es los. Ob mit oder ohne Besuch des Märchenhauses obliegt jedem selbst. Ob der goldene Schuh von Aschenputtel oder der Märchenbrunnen, es gibt so einiges zu entdecken. Raus aus dem Zentrum geht es auf den ausgewiesenen Wanderweg »Nuff und Nopp«. Dieser führt auf 12,5 Kilometern einmal um den Ort herum und birgt das ein oder andere Highlight für Groß und Klein. Mal führt er durch den Wald, dann wieder vorbei an den Feldern. Gespickt mit Aussichtspunkten und natürlich Rastplätzen, um ein kleines Picknick zu machen und die lieben Kleinen bei Laune zu halten. Das Besondere? Es sind nicht einfach nur Aussichtspunkte mit grandiosen Ausblicken oder schnöde Picknickbänke. Nein, hier im Rotkäppchenland stehen auch die Wanderwege im Zeichen der Märchen. So hat man am Aussichtspunkt »Roter Berg« die Möglichkeit, in ein Hörerlebnis von Hänsel und Gretel einzutauchen oder am Rastplatz »Röllshäuser Feld« das Rotkäppchen einmal aus der Nähe zu betrachten, während ringsherum getollt und geklettert werden kann (www.rotkaeppchenland.de/naturerleben/wandern).

Das Rotkäppchen pflückt auf dem Weg zur Großmutter noch einen Strauß frische Wiesenblumen.

Ein echter Campertraum – Blick in den Sonnenuntergang vom eigenen Stellplatz aus

14 FAMILIENHOTEL RHÖNFEELING MIT CAMPINGPLATZ

Geeignet für Wohnmobile, Caravans und Zelte,
ganzjährig geöffnet
▶ Bernshausen 29,
D-36466 Dermbach

Tel. +49 3696482523
GPS 50.7319, 10.19413

■ pincamp.de/pin_237289

Camperglück mit Hotelanschluss: Willkommen im »grünen Herz« Deutschlands, inmitten unberührter Natur des Hochtals in der Rhön, auf dem Campingplatz Rhönfeeling. Maximal zwei Handvoll Camper treffen sich hier gleichzeitig auf der grünen Wiese, um das ganze Jahr über erleben zu können.

Auf den ersten Blick wirkt die Lage des Platzes ein wenig überraschend, denn er befindet sich auf dem Grundstück des gleichnamigen Familienhotels Rhönfeeling, auf den zweiten sieht man gleich alle Vorteile. Zelte, Camper oder Wohnmobile stehen unter freiem Himmel, umgeben von sanften Hügeln, zwischen denen die Sonne am Abend am Horizont verschwindet. Outdoorspaß ist garantiert, und auch tierische Abenteuer kommen hier keinesfalls zu kurz. Im Kleintiergehege kann mit Hasen und Meerschweinchen gekuschelt werden. Für die etwas größeren Tierfans genügt ein fünfminütiger Spaziergang zur Stockborn Ranch (gehört der Familie der Hotelbesitzer). Dort gibt es Ponys zum Anfassen, und nach Absprache kann natürlich auch geritten werden. Wer etwas mutiger ist, kann sich even-

AUSFLÜGE IN DER NÄHE auf einen Blick

	40 km vom CP	Leicht	4–6 Std.
	28 km vom CP	Leicht	Halbtagestour
	45 km vom CP	Leicht	ca. 4–5 Std.

tuell im Westernreiten probieren. Auf der Anlage befindet sich auch das Kleintiergehege mit den Ziegen, welche in Begleitung und unter Anleitung des Personals gefüttert und versorgt werden dürfen. Sogar Schafe, die ihren Namen der Region verdanken, Rhönschafe, können direkt auf der Ranch oder den umliegenden Koppeln genauer unter die Lupe genommen werden. Im Sommer, wenn die Sonne ihren Zenit erreicht, wird es selbst in Thüringen wohlig warm. Wie wäre es also mit einer Abkühlung im See? Entweder in knapp sieben Minuten mit dem Auto oder mit einem ausgedehnten Spaziergang (ca. 2 km) verbunden erreicht man den Schönsee, der zu einem herrlichen Bad einlädt. Wenngleich ein Campingplatz im »Hotelgarten« ein seltenes Fundstück ist, so hat der Campinggast die Möglichkeit, alle Vorteile der Hotelgäste für sich zu nutzen, sofern gewünscht. Man hat also die Wahl zwischen frei und autark oder mit Benefits. So bietet das Hotel einen Brötchenservice. Tischtennisplatte, Kicker und Co stehen zur Nutzung bereit. Mal keine Lust, die Lagerfeuerstelle selbst zu bedienen? Kein Problem, einfach an der Rezeption anfragen und Abendessen bzw. Frühstück im Hotel mitbuchen.

Aber das Beste ist: Eltern, die sich im Urlaub eine kleine Auszeit zu zweit gönnen wollen und Kinder haben, die gerne neue Freunde finden wollen, können ihre Kinder für die Kinderbetreuung im Haus anmelden. Das heißt, einfach ans Hotel wenden – und schon können die lieben Kleinen für einen oder mehrere Tage das volle Animationsprogramm mitmachen, welches auch den »Hotelkindern« zur Verfügung steht. Eine Option, die eine Überlegung allemal wert ist und die, mit Verlaub, zu einer absoluten Win-win-Situation für alle werden kann. Ob mit oder ohne Anschluss ans Hotel wird der Campingurlaub im Rhönfeeling zu einem unvergesslichen Erlebnis. Denn Gastfreundschaft, Familienfreundlichkeit und Natur »arbeiten« hier perfekt zusammen.

Die Lagerfeuer- und Grillstelle auf dem Campingplatz ist sehr beliebt.

DIE WARTBURG IM SCHEIN DER TASCHENLAMPE

Knapp 1000 Jahre ist die Grundsteinlegung her, und noch heute zieht sie Jung und Alt an wie ein Magnet. Denn ihre Geschichte ist mit der Deutschlands untrennbar verbunden. Was hier geschah, was diese Mauern erlebt, gesehen und gehört haben, reicht bis in die Gegenwart und wird auch noch weit in der Zukunft Einfluss haben.

Die berühmte Wartburg ist ein sehenswerter Besuchermagnet in der Region.

Das ist kaum zu glauben, aber wahr. Burgen haben ihren ganz eignen Charme, und deswegen sind sie ein ideales Ausflugsziel für die ganze Familie. Hier kann gestaunt, gelernt und erkundet werden, ganz wie es beliebt. Wer die Wartburg nicht kennt, hat in Geschichte gepennt, könnte man so sagen. DAS Ereignis, welches sie weltberühmt gemacht hat, war der Aufenthalt Martin Luthers. Er übersetzte zwischen 1521 und 1522 hier in weniger als zwei Monaten das Neue Testament ins Deutsche. Damit machte er es für eine breitere Masse zugänglich und legte damit auch den Grundstein zum Zugang zu Religion. Johann Wolfgang von Goethe war mehr als einmal zu Gast. Zu DDR-Zeiten gab die Wartburg einem Auto ihren Namen, und was in den anderen Jahrhunderten und Jahrzehnten vor unserer Zeit passiert ist, erfährt ein jeder bei einem Besuch am besten selbst. Sollte sich der Nachwuchs nicht von einem »normalen« Besuch begeistern lassen, so gibt es jeden Samstag (plus Sondertermine) ab 17 Uhr die Möglichkeit, die Wartburg unter dem Motto »Mit der Taschenlampe auf Entdeckungstour« auf ganz besondere Weise zu erkunden – extra zugeschnitten auf Familien mit Kindern (www.wartburg.de).

ABTAUCHEN IN EINE MÄRCHENHAFTE WELT – VON HAND GESCHAFFEN

Thüringen steckt voller Überraschungen, eine von ihnen steckt unter Tage ganz in der Nähe des Campingplatzes – die Walldorfer Märchenhöhle. Den Besucher erwarten dort mehr als nur ein paar nachgestellte Szenen aus berühmten Märchen. Das Höhlenlabyrinth, von Menschenhand geschaffen, erzählt die Geschichte der Sandarbeiter und ihrer Familien, wie sie gearbeitet, gelebt und den Sand ans Tageslicht gebracht haben. Ein paar schlaue Köpfe dachten sich viele Jahre später, dass das der richtige Ort ist, um der Nachwelt davon zu erzählen und gleichzeitig das Kulturgut der Märchen weiterzugeben. Sandmacher, so hießen die Arbeiter, schufen mit ihren bloßen Händen und ein wenig Werkzeug unter Tage ein Labyrinth auf 65 000 Quadratmetern.

Während der Führung durch das Schaubergwerk lernen Jung und Alt etwas über das Handwerk, was bis dahin wohl kaum einer kannte, und haben parallel dazu die Chance, in die sagenhafte Welt der Märchen einzutauchen. Für manch einen werden dabei Kindheitserinnerungen wach, andere werden Neues entdecken, aber allen wird es gefallen, und das ist das Wichtigste.

Die Szenen aus den Märchen der Gebrüder Grimm und von Hans Christian Andersen werden die meisten wiedererkennen, doch die des Dichters Ludwig Bechstein, eines Thüringers, sind mit Sicherheit Neuland für viele. Ob unter oder über

»Hier hat der Campinggast die Möglichkeit, alle Vorteile der Hotelgäste für sich zu nutzen.«

Tage, Thüringer Luft macht immer hungrig, und so kann im Anschluss direkt vor Ort gleich Abhilfe auf Thüringer Art geschaffen werden (www.sandsteinhoehle.de/maerchenhoehle).

Die Basaltprismen am Gangolfsberg sind eine Laune der Natur.

NATURLEHRPFAD GANGOLFSBERG – WUNDERBARE WALDWELT

Für dieses Erlebnis ist es nötig, Grenzen aufzubrechen und Thüringen zu verlassen. Natur kennt keine Grenzen, und die Rhön endet dementsprechend auch nicht da, wo es das Bundesland tut. Um diesen ganz besonderen, beeindruckenden Waldspaziergang zu genießen, sind festes Schuhwerk und Wasser im Rucksack unabdingbar. Das Auto parkt man am besten auf dem Wanderparkplatz am Schweinfurter Haus.

Vom unteren Parkplatz aus geht es direkt mit einem kleinen Highlight los, einer Basaltbrücke, die im Schein der Sonne sogleich etwas Verwunschenes ausstrahlt. Der Naturlehrpfad ist gespickt mit Infotafeln und natürlichen Überraschungen, mit denen so kaum zu rechnen war. Geformt von Vulkanaktivitäten finden sich skurrile Gesteinsformationen. Wind, Wasser, Erdbewegungen – sie alle haben zu dieser abwechslungsreichen Landschaft beigetragen.

Über Stock und Stein, mal steil hinauf, dann wieder hinab, erlebt man hier, was Natur alles kann. Mischwälder mit Urwaldcharakter, Teiche, die an Hängen liegen, Wildkatzen auf der Jagd, Vogelgezwitscher, Kapellenüberreste auf dem Gipfel, sogar den Keller des Teufels soll es hier geben. Verwunschen wirkt der Wald zum Teil, dann wieder fein säuberlich, doch immer sich selbst überlassen, denn die Natur kennt und heilt sich selbst am besten. Steter Begleiter sind die Infotafeln, sie verraten einem alles, was dem Betrachter sonst verborgen geblieben wäre.

Die Strecke wird mit etwa 2,5 Kilometern angegeben, in Wahrheit sind es aber gut vier oder sogar noch mehr Kilometer, wenn die Basaltbrücke auf der Route ist oder noch ein paar lohnenswerte Schlenker eingebaut werden. Das sollte nach Laune, Alter und Fitnesslevel der Kinder entschieden werden (www.biosphaerenreservat-rhoen.de/wissen/lehr-und-naturpfade/naturlehrpfad-gangolfsberg).

Ein paar ruhige Minuten im Sonnenuntergang – da freuen sich die Erwachsenen.

Gemächlich geht es mit der Kutsche durch die schöne Landschaft.

LANDGASTHOF PROBSTEI ZELLA 15

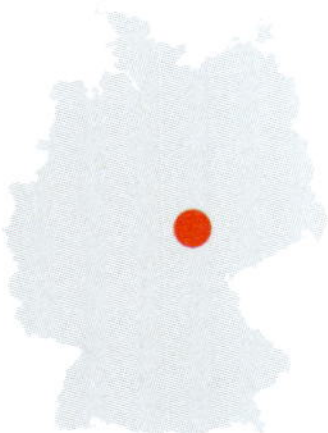

Geeignet für Wohnmobile, Caravans und Zelte, 25 Standplätze
▶ Probsteizella 1, D-99826 Frankenroda
Tel. +49 3692441976
GPS 51.107125, 10.299693
▪ pincamp.de/pin_245650

Mitten im Naturschutzgebiet: Zwischen Werra und Wald liegt der Campingplatz des Landgasthofs Probstei Zella. Ein Fleckchen Erde, das sowohl Erholungsuchenden als auch Aktivurlaubern gleichermaßen einen Traumurlaub bescheren wird. Am Ufer des Flusses, den Falkensteiner Klippen zu Füßen, finden Camper Ruhe und allen Komfort, den es für einen Campingurlaub braucht. Das großzügige Gelände mit direktem Anschluss an den Gasthof lädt zum täglichen Bad in der Natur ein. Mit den Füßen in der Werra kneippen, ein Buch lesen in der Hängematte und im Schatten der Bäume den Geräuschen des Walds lauschen. Dazu Kinderlachen und Jubelschreie, während sie sich auf dem Naturspielplatz mit Rutsche, Sandkasten und Co. vergnügen. Ein wenig kuscheliger geht es im Streichelgehege bei den Meerschweinchen und Langohren zu. Wilder wird es dann bei einem möglichen Ausritt auf einem der Pferde vom Hof. Selber Reiten ist nicht das Richtige? Dann könnte es eine Kutschfahrt für die ganze Familie durch die wunderschöne Landschaft werden. Eine Tour auf dem eigenen oder ausgeliehenen Drahtesel, entlang

»Mit den Füßen in der Werra kneippen, ein Buch lesen in der Hängematte und im Schatten der Bäume den Geräuschen des Walds lauschen«

ausgewählter Strecken des Werratal-Radwegs. Dieser führt direkt durch die Ländereien des Hofs und macht einen Start ganz leicht. Selbst für die Kleinsten kein Problem, da die Wege befestigt sind und es kaum Steigungen gibt. Oder ist doch eher Wasser das Familienelement? Dann entweder mit eigenen SUP-Boards beziehungsweise einem ausgeliehenen fahrbaren, wassergeeigneten Untersatz auf der Werra auf Entdeckungstour gehen. Möglichkeiten gibt es hier unsagbar viele, sodass mit Sicherheit keine Langeweile aufkommt und für jeden etwas dabei ist. Auf diesem kleinen Stückchen Erde hat die Natur einfach an alles gedacht. Wie wäre es mit einer Kletterpartie, nicht gefährlich und auch nicht zu hoch, doch mit einem schönen Blick aus der Vogelperspektive? Der Felsen dazu liegt direkt vor der Haustür. Ein Element fehlt noch – Feuer. Das macht man am Abend ganz leicht selbst, an einem der Grillplätze. Ob zum gemütlichen Beisammensein oder um den Hunger zu stillen, sei dabei jedem selbst überlassen. Angler unter den Gästen kommen an den Ufern voll auf ihre Kosten, der Fluss ist gut gefüllt, und das Abendessen für Fischliebhaber sollte sicher sein. Keine Lust, sich selbst zu versorgen? Da kann schnell Abhilfe geschaffen werden. Alle Campinggäste haben die Möglichkeit, im Landgasthof zu speisen, am Morgen den Brötchenservice zu nutzen oder aber sich nach Buchung das Frühstücksangebot im Gasthof zu gönnen. Jeder so, wie er mag. Zwischen April und Oktober können hier bis zu 35 Stellplätze genutzt und ein wunderbarer Urlaub verbracht werden.

Direkt am Flussufer finden alle Campinggäste einen schönen Stellplatz.

Der Baumkronenpfad im Nationalpark Hainich gibt einen weiten Blick über die Landschaft frei.

AUF DEM DACH DES URWALDS – BAUMKRONENPFAD IM NATIONALPARK HAINICH

Einmal im Urwald stehen oder auf seinen Wipfeln gehen, dafür braucht es keinen Langstreckenflug. Denn mitten in Deutschland im Hainich befindet sich das größte zusammenhängende Laubwaldgebiet Deutschlands. Seit 1997 Nationalpark ist der Hainich seit 2011 auch UNESCO-Welterbe. Urwald bedeutet keinesfalls nur tropische Hitze und Lianen, nein dieser Buchenwald ist so alt und vor allem ursprünglich, dass es hier vor der Haustür ebenso viel Spannendes wie Seltenes zu entdecken gibt. Der Baumkronenpfad ist der perfekte Ort für einen ersten tieferen Einblick. Auf bis zu 44 Metern Höhe und 540 Metern Länge geht es auf dem Dach des Walds entlang. Gestartet wird am Wanderparkplatz Thiemsburg. Verschiedene Stationen laden zum Anhalten, Innehalten und Informieren ein. Der Weg führt von den unteren Kronen Stück für Stück Richtung Spitze. Grob gesagt, gibt es zwei kleine Rundwege. Einer beschäftigt sich thematisch mit den Tieren des Urwalds und der andere mit dem Wald, seiner Entstehung und seinen Formen. Kleine und große Entdecker können hierbei viel lernen und selbstverständlich auch versuchen, die Rätsel entlang des Wegs zu lösen. Zusammen laufen die Wege in der Mitte am Turm. Beim Aufstieg muss der Buggy unten bleiben. Der Ausblick ist grandios. Von hier oben wird das Ausmaß dieses Urwalds und seiner Lage noch einmal klar. Das Auge kann von dieser Stelle einen Rundumblick über das Thüringer Becken mit all seinem Grün genießen. Im Anschluss kann der Urwald gerne noch von »unten« entdeckt werden (www.baumkronenpfad.de/abenteuerwelten/baumkronenpfad).

EINE KANUTOUR AUF DER WERRA

Ein Campingplatz direkt am Fluss, Kanuten grüßen immer freundlich. Was läge also näher, als sich die Familie zu schnappen, ein Kanu zu mieten und es selbst einmal zu versuchen? Genau – nichts. Auf der Werra gibt es verschieden lange Strecken mit verschiedenen Niveaustufen. Für alle, die das Paddeln nicht gewohnt sind oder

AUSFLÜGE IN DER NÄHE auf einen Blick

	38 km vom CP	Leicht	Halbtagestour
	ca. 9 km vom CP	Leicht	ca. 2 Std. 30 Min., Start: Mihla, Ziel: CP, am CP buchbar

nicht gerne lange still sitzen, ist die kurze Tour von Mihla zurück nach Probstzella ideal.

Auf diesem Abschnitt gibt es kein Wehr, und es muss auch nicht umgesetzt werden. Sobald alle ihre Sicherheitswesten anhaben, auf dem Boot Platz genommen haben und dieses nicht mehr wackelt, kann es losgehen. Auf den knapp neun Kilometern geht es nicht um irgendwelche Sehenswürdigkeiten entlang der Strecke, der Weg ist das Ziel, und der ist traumhaft schön.

Die Werra schlängelt sich sanft durch die Landschaft. Das Ufer ist gesäumt mit Schilf und Bäumen. Kleine Bläschen steigen hier und da aus dem Wasser auf, wenn die Fische nach Luft schnappen. Hin und wieder wird das Kanu von ein paar Enten eskortiert. Libellen, die bunt im Licht der Sonne schimmern, viel mehr Naturgenuss geht für den Moment kaum. Die Kinder werden es lieben und die Erwachsenen sowieso. Ab und an mal die Hand ins Wasser halten, eine kleine Spritzpartie veranstalten. Alles im eigenen Tempo, stetig vorwärtsgleiten. Nicht wissen, was hinter der nächsten Kurve auf einen wartet, aber hoffentlich immer rechtzeitig eingelenkt, sonst gibt es eine Kollision mit dem Uferrand. Ausstieg und Ende sind direkt am Landgasthof.

Tief hängen die Bäume ihre Zweige über die Werra und sorgen im Sommer für wohltuenden Schatten.

Wiesen, Wälder und Felder prägen die Landschaft rund um den Campingplatz.

CAMPINGPLATZ FERIEN-HOTEL WOLFSMÜHLE 16

Geeignet für Wohnmobile, Caravans und Zelte,
▶ Zur Wolfsmühle 20,
D-99734 Nordhausen OT Rodishain

Tel. +49 34653348
GPS 51.537235, 10.928145

■ pincamp.de/pin_245654

Entspannte Atmosphäre: »Haben die ein schönes Fell«, staunt Emma. Sie steht andächtig mit ihrer neuen Freundin Mia am Zaun neben dem Campingplatz und beobachtet die Lamas, die gerade mit Fressen beschäftigt sind. Auch sonst haben die beiden schon Pläne, als Nächstes wollen sie auf den großen Spielplatz und danach gemeinsam im Zelt spielen. Der Campingplatz Ferienhotel Wolfsmühle liegt malerisch am Südharzrand in einem idyllischen Tal und umgeben von üppigen grünen Wiesen und dichten Wäldern. Das Gelände gehört zu einem beliebten Ferienhotel mit Rinderzucht und gutem Restaurant. Direkt in der Nähe fließt der klare und erfrischende Wolfsbach.

Es gibt viele Gründe, warum die ehemalige Mühle besonders bei Familien sehr beliebt ist. Die 60 Stellplätze für Wohnwagen, Wohnmobile und Zelte liegen hinter dem Ferienhotel. Die Parzellen sind mit einzelnen Bäumen und Sträuchern abgetrennt. Dazu gibt es eine großzügige Zeltwiese sowie neu angelegte terrassierte Stellplätze für Wohnmobile, von denen man einen herrlichen Blick über das Gelände und die umliegende grüne Landschaft mit Wiesen und

Wäldern genießt. Besucher schätzen besonders die ruhige und entspannte Atmosphäre in dieser Region. Auf dem Campingplatz und auf den weitläufigen Wiesen drum herum gibt es viel Platz zum Spielen, Toben und Entdecken. Auch am angrenzenden Waldrand können Kinder unbeschwert herumtollen und auch einmal ohne ständige Aufsicht ihre eigenen Abenteuer erleben. Der große Spielplatz mit dem angrenzenden Volleyballfeld ist der perfekte Ort für Groß und Klein, um schnell neue Freundschaften zu schließen und gemeinsam Spaß zu haben. Der klare Bach, der durch das Tal fließt, bietet ebenfalls zahlreiche Möglichkeiten für Naturerlebnisse und spannende Abenteuer. Beim Wasseraufstauen, dem Beobachten von Fischen und Insekten oder dem Ausprobieren eines selbst gebauten Wasserrads vergeht die Zeit im Flug.

Ein weiteres Highlight sind die hofeigenen Tiere. Im Streichelzoo der gepflegten Anlage finden kleine Gäste die geduldigen Esel Hanni und Nanni sowie die neugierigen Lamas Clara und Uli. Alpaka Pauli ist ebenfalls Teil der Herde. Vom Zaun aus gibt es immer etwas zu beobachten, selbst wenn man den Tieren nur beim gemütlichen Fressen zuschaut. Für ein Hallo und große Augen sorgen dagegen die wilden Sprünge beim fröhlichen Herumtollen der Vierbeiner. Und auch Nutzvieh gibt es hier. Auf den saftigen Weiden

»Der Campingplatz liegt malerisch am Südharzrand in einem idyllischen Tal und umgeben von üppigen grünen Wiesen und dichten Wäldern.«

Die Galloways auf der Weide sind genauso neugierig auf die Gäste wie umgekehrt.

rund um den Campingplatz grasen etwa 30 eigene Galloways, eine robuste Rinderrasse, die sich in Thüringen pudelwohl fühlt. Die Herde lebt das ganze Jahr über in Freilandhaltung. Und so gibt es im Frühling immer wieder putzige Kälbchen auf der Weide zu sehen. Wie gut es den Tieren geht, kann man abends im Restaurant schmecken. Hier kommen vor allem eigenes Fleisch und frische Produkte auf den Tisch.

Der Schwerpunkt des Aufenthalts auf dem Campingplatz Ferienhotel Wolfsmühle liegt auf Ruhe und Natur. Zur Anlage gehört ein eigener Schwimmteich mit Liegemöglichkeiten und Saunafass, der auch den Campinggästen zur Verfügung steht. Das ist besonders an lauen Sommertagen ein Genuss. Direkt vom Stellplatz kann man die ansprechende Landschaft des Südharzes bei reizvollen Wanderungen erkunden. Eine besonders interessante Route führt durch die Wolfsschlucht, deren Ursprung und Name bis heute Rätsel aufgibt. Ob hier tatsächlich einst Wölfe lebten oder der Name auf den pfeifenden Wind zurückzuführen ist, der durch das Tal und die Bäume fegt, bleibt ungewiss. Während man durch den malerischen Wald streift, werden alte Sagen und Mythen wieder lebendig, für die der Harz so berühmt ist. Man muss sich nur die Zeit nehmen und die Stimmung auf sich wirken lassen. Vielleicht sehen Kinder und Eltern das scheue Einhorn oder den wilden Mann oder hören den schlafenden Kaiser Barbarossa? Der Fantasie sind keine Grenzen gesetzt. Darüber hinaus gibt es in der Region Südharz und Kyffhäuser eine Fülle von Sehenswürdigkeiten, die man mit dem Auto bequem erreicht. Hierzu zählen Burgruinen, geheimnisvolle Höhlen und beeindruckende Bergwerke. Ausflüge in die faszinierende Gegend sind mit spannenden Entdeckungsreisen verbunden.

Bei einer Führung in der Heimkehle gibt es eine faszinierende Unterwelt zu bestaunen.

AUSFLÜGE IN DER NÄHE auf einen Blick

7 km vom CP	Leicht	ca. 2 Std.
22 km vom CP	Leicht	2–3 Std.

SCHAUHÖHLE HEIMKEHLE

Mit einem Höhlenführer geht es zunächst in kleinen Gruppen in die Dunkelheit des Bergs. Die Heimkehle ist keine gewöhnliche Tropfsteinhöhle, sondern eine der größten Karsthöhlen Deutschlands. Sie wurde durch einen unterirdischen Fluss im Sulfatkarst gebildet, was hier im Südharz eine Besonderheit darstellt.

Der Weg der Besucher führt entlang des einstigen Flusslaufs. Große Felsbrocken bilden den Höhlenboden. Sie sind von der Decke herabgefallen. Während des Zweiten Weltkriegs wurden hier im verborgenen Flugzeugteile hergestellt. Das hat Spuren hinterlassen. Und da die Decke wegen der Vibrationen der Maschinen einzustürzen drohte, wurde zur Sicherung ein massiver Pfeiler errichtet. Auch darüber gibt es viel zu erfahren. Der Abschluss des Höhlenbesuchs ist eine von Musik begleitete Lichtinstallation. Das Spiel von Licht und Schatten ist beeindruckend. Für kleine Kinder könnte dies jedoch beängstigend sein, denn vor und nach dieser Erfahrung herrscht absolute Dunkelheit. Deshalb besteht die Möglichkeit, die Höhle früher zu verlassen (www.gemeinde-suedharz.de/schauhoehle-heimkehle).

WO EINST KAISER UND KÖNIGE WOHNTEN

Im Freilichtmuseum Königspfalz Tilleda tauchen Familien in die faszinierende Welt des Mittelalters ein. Das Museum befindet sich an dem historischen Standort der ehemaligen Pfalz auf einem malerischen Bergsporn. Von hier aus wurde im 10. bis 12. Jahrhundert Politik betrieben. Sowohl Kaiser und Könige als auch berühmte Persönlichkeiten, darunter Kaiser Barbarossa, besuchten den wichtigen Ort am Fuß des Kyffhäusergebirges.

Rekonstruierte Gebäude auf dem weitläufigen Gelände erwecken die Vergangenheit zum Leben. Darunter sind Verteidigungsanlagen, repräsentative Gebäude und verschiedene Hütten. Die Nachbauten wurden nach archäologischen Befunden errichtet und liebevoll gestaltet. Besucher können die Mauern, Türme und Wälle erkunden sowie die voll ausgestatteten Werkstätten der Handwerker bewundern.

Für Kinder gibt es die Möglichkeit, in die Rolle der Archäologen zu schlüpfen und auf einer für sie vorbereiteten Ausgrabungsstätte nach verborgenen Schätzen zu suchen. An Wochenenden besteht die spannende Gelegenheit, Handwerkern bei ihrer Arbeit über die Schulter zu schauen. Manchmal schlägt auch eine Mittelaltergruppe in der Pfalz ihr Lager auf (Freilichtmuseum Königspfalz Tilleda, 06537 Tilleda (Kyffhäuser), www.pfalz-tilleda.de).

Im Freilichtmuseum Königspfalz Tilleda wird die Vergangenheit greifbar.

Unweit des malerischen Orts Gohrisch liegt der Ferienhof Mandry.

FERIENHOF MANDRY 17

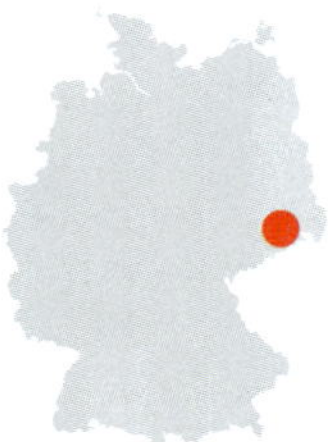

Geeignet für Wohnmobile, Caravans und Zelte,
ganzjährig geöffnet
▶ Neue Bauerngasse 62, D-01824 Gohrisch

Tel. +49 3502880633
GPS 50.909408, 14.14272

▪ pincamp.de/pin_239005

Landglück: Im Herzen der Sächsischen Schweiz, umgeben von weiten Feldern, kleinen Alleen und den schroffen Felswänden des Elbsandsteingebirges, liegt der Ferienhof Mandry. Unweit der tschechischen Grenze, atemberaubender Klettermöglichkeiten, der Elbe, der Festung Königstein oder Dresden. Ein Ort, an dem neben Landglück alles möglich ist.

Bereits 1860 wurde der Grundstein für den heutigen Ferienhof gelegt. Einst war es ein Bauernhof, der im Laufe der Zeit eine spannende, der Geschichte geschuldete Entwicklung durchlaufen hat. Seit ein paar Jahren führt Familie Mandry den Ferienhof und bietet ihren Gästen ein unvergessliches Landhoferlebnis. Es ist kein bewirtschafteter Hof im eigentlichen Sinne, doch mit all den Tieren, die hier leben, können Groß und Klein das Leben auf einem Hof nachempfinden und aktiv mitmachen. Viele verschiedene Zweibeiner und Vierbeiner warten darauf, entdeckt, geputzt, gestreichelt und gefüttert zu werden. Hunde, Katzen, Ziegen, Hühner, Langohren, Meerschweinchen, Ponys und Alpakas, da ist für alle der richtige Tierfreund dabei. Neben den tierischen Bewohnern gibt es auch einen Spielplatz, der immer wieder

AUSFLÜGE IN DER NÄHE auf einen Blick

Wanderung	30 km vom CP	Leicht	Halbtagestour
Ort	10,5 km vom CP	Leicht	Tagestour

vergrößert wird. Auf Anfrage kann geritten werden oder man bucht eine Alpakawanderung mit den zwei Hofalpakas Max und Hugo. Mit ihnen zusammen darf dann eine große Runde durch Ort, Wiesen, Wald und Flur gedreht werden. Wenn das Wetter es zulässt, kann am Abend der Grill angeschmissen oder ein Lagerfeuer gemacht werden, für einen entspannten Tagesausklang mit Blick über die Weite der Felder.

Die nähere Umgebung ist so voller Natur und kultureller Möglichkeiten, dass es fast unmöglich ist, sich zu entscheiden. Die Mandrys stehen gerne mit Rat und Tat zur Seite. Für erste Impressionen reicht es schon, einfach loszuspazieren oder loszuradeln. Zum Beispiel zu den Kleinhennersdorfer Steinen. Der ideale Ort, um zu testen, ob eine größere Klettertour etwas für die ganze Familie ist. Oder vielleicht hilft auch ein Gang zum Damwildgehege für eine Eingebung. So oder so, sowohl der Hof als auch die nächste Umgebung sind optimal für ein Bad in der Natur, Entspannung und Spaß für die ganze Familie.

Camping auf dem Ferienhof Mandry ist sehr familiär, denn es gibt nur drei Stellplätze. Sofern die Temperaturen über null und der Hof schneefrei sind, kann nach Rücksprache das ganze Jahr über angereist werden. Duschen und WC befinden sich im Gewölbe des Haupthauses, und die Chemietoilette kann in einem Nachbarort gereinigt werden. Wer möchte, kann sich zum Frühstück Brötchen bestellen lassen oder frische Eier direkt vom Hof sowie selbst gemachte Marmelade erwerben.

Zusammen die herrliche Natur entdecken – da ist in den Ferien endlich Zeit dazu.

TEUFELSGRUND UND HERINGSHÖHLE – FAMILIENWANDERUNG IM UTTEWALDER GRUND

Ein Besuch in der Sächsischen Schweiz ohne Kraxeln, Klettern und Wandern wäre nicht rund. Zum Eingewöhnen eine kleine Runde von sieben Kilometern, denen es an Abenteuer keinesfalls fehlt. Gestartet wird in Wehlen. Vom Ferienhof aus geht es entweder direkt über Bad Schandau und die Elbbrücke oder das Auto wird in Wehlen am Südufer geparkt, und es geht mit der Fußgängerfähre zum Startpunkt. Der Weg, Teil des Malerwegs, führt an der Wehler Burgruine vorbei, von der man einen tollen Ausblick hat. Dieser Teil ist etwas steiler und führt in den Uttewalder Grund. Schon nach kurzer Zeit – ein Highlight für die mutigen Kletterer – ein Abstecher in den Teufelsgrund. Mit einer Taschenlampe bewaffnet, kann die acht Meter lange Höhle kletternd erforscht werden. Wer nicht mag, lässt es. Weiter geht es durch den mystisch anmutenden Grund, vorbei an riesigen Felsen und geduckt durchs »Felsentor«. Hier angekommen kann man die Runde weiterlaufen Richtung Kohlgrund und zurück. Zwischendrin noch einen Abstecher zum Strudeltopf machen, diesmal käme man an einem sehr großen Felsentor vorbei.

Findet man an der Tour Gefallen und hat genügend Kraft und Proviantreserven dabei, lohnt der Abstecher zur berühmten und absolut sehenswerten Bastei (ca. 5–6 km Umweg). Bleibt man auf der ursprünglich geplanten Rundwanderung, wird man am Ende der Wanderung genügend Eindrücke zu verarbeiten haben und hat mit Sicherheit Lust auf mehr Sächsische Schweiz bekommen! Der Startpunkt ist nach 2,5 bis 3 Stunden wieder erreicht, wenn man sich keine Abstecher leistet, wobei die Auswahl, dies zu tun, recht groß ist (www.saechsische-schweiz.de/wandern/wandern-mit-kindern).

Die Landschaft der Sächsischen Schweiz ist atemberaubend schön.

Auf der Festung Königstein gibt es für alle Mittelalterfans eine Menge zu entdecken.

FESTUNG KÖNIGSTEIN

Majestätisch thront sie über dem Elbtal. Imposant und fast ein wenig Furcht einflößend steht sie da, inmitten des Elbsandsteingebirges. Als unbezwingbare Wehranlage gilt die Festung, bei ihrem Anblick glaubt man dies sofort. Allein der Rundweg entlang der Ringmauer ist sage und schreibe 1,7 Kilometer lang, und man hat eine fantastische 360-Grad-Aussicht auf die Landschaft. Ein Blick auf den Festungsplan lässt schnell erkennen, dass man hier den ganzen Tag verbringen kann.

Es ist so abwechslungsreich, dass selbst Kinder nicht genug bekommen. Bei 50 (!) ober- und unterirdischen Festungsbauwerken, einer weitläufigen Anlage und teils interaktiven Möglichkeiten für Kinder vergeht die Zeit hier im Flug. Wunderschön nachgestellte Häuser mit lebensecht wirkenden Puppen, Kleidung von anno dazumal, Wachtürme, Kanonen, eben das ganze Potpourri einer Burg. Wobei die Festung Königstein von allem scheinbar noch ein bisschen mehr hat. Und alles scheint hier besonders gut erhalten. Ein Highlight der Burg ist zweifelsohne der Brunnen. Unglaubliche 152,5 Meter ist er tief und damit der zweittiefste Deutschlands. Das Beste ist, man darf im Rahmen der Ausstellung hineinschauen – kein Ende in Sicht! Obendrein gibt es dann noch eine Vorführung, bei der mit einem mehr als 100 Jahre alten Elektromotor Wasser nach oben befördert wird. Einfach beeindruckend.

»Camping auf dem Ferienhof Mandry ist sehr familiär, denn es gibt nur drei Stellplätze.«

Die ganze Entstehungsgeschichte von Brunnen und Burg erfährt man am besten vor Ort. Wer in der kalten Jahreszeit kommt, hat am Ende des Tags noch einen der besten Sonnenuntergänge mit Panoramablick auf die märchenhafte Felslandschaft der Sächsischen Schweiz inklusive (www.festung-koenigstein.de).

Der Badeteich am Campingpark Thräna ist ein Highlight für die Campinggäste.

FREIZEIT- UND CAMPINGPARK THRÄNA 18

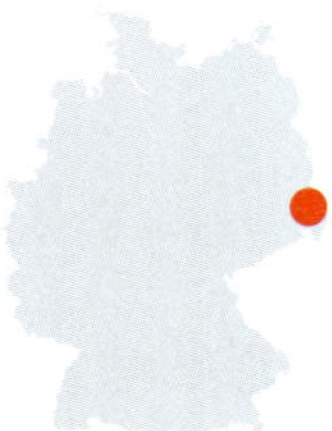

Geeignet für Wohnmobile, Caravans und Zelte

▸ Zum Wildgehege 1,
D-02906 Thräna

Tel. +49 3587641238
GPS 51.2359, 14.69993

▪ pincamp.de/pin_104886

Spiel, Spaß, Entspannung: Hohendubrau, schwer auszusprechen, aber leicht zu finden, wenn man den richtigen Weg kennt. Der Ort liegt in der Oberlausitz zwischen Bautzen und Görlitz, und mit dem Campingpark wurde ein Kleinod geschaffen, das keine Wünsche offenlässt. Umgeben von Wiesen und Wäldern, ist es der ideale Ort für einen entspannten Urlaub in der Natur. In einer Region, die so viel Natur, Kulturschätze und Traditionen verbirgt, dass vielen gar nicht bewusst ist, dass es sie gibt. Und genau deshalb ist der Campingpark Thräna optimal, das alles einmal genauer unter die Lupe zu nehmen. Doch zum Platz selbst. Er grenzt an einen Wald und nennt einen Badeteich sein eigen, der exklusiv Campinggästen vorbehalten ist. Am kleinen Badestrand und auf der Wiese umgeben vom Rauschen des Walds ist das Sonnenbad Entspannung pur, und der See sorgt für die nötige Erfrischung. Camper, Wohnmobile und Zelte stehen separat voneinander. Eltern, die Bedenken haben, ihre Kinder könnten zu laut sein und die Nachbarn stören, dürfen bei der Buchung gerne nachfragen, ob noch ein Platz auf der sogenannten »Babywiese«

frei ist. Hier kann man sicher sein, dass alle im gleichen Boot sitzen, und auch Spielpartner für die Kinder sind so schnell gefunden.

Auf dem Gelände gibt es einen Bolzplatz, einen Aufenthaltsraum, eine Campingküche, Sanitäranlagen und eine Entsorgungsstation. Mehr braucht es nicht, denn die angrenzende Freizeitoase steht allen Campingplatzbesuchern kostenfrei zur Verfügung. Der Name ist Programm, denn es wurde in der Tat eine Oase geschaffen, in der sich Jung und Alt gleichermaßen vergnügen können. Da wären ein überdimensional großer

»Umgeben von Wiesen und Wäldern, ist hier der ideale Ort für einen entspannten Urlaub in der Natur.«

Naturspielplatz mit Sandkasten und Klettermöglichkeiten, Pony, Esel und ein Streichelzoo, in dem die kuschelverwöhnten Kleintiere nur darauf warten, erneute Streicheleinheiten zu bekommen. Wer es ein wenig ruhiger mag, sucht sich ein Plätzchen etwas abseits des Trubels und kann ohne Zeitdruck Rot-, Dam- und Muffelwild im angrenzenden Wildgehege genauestens beobachten. Egal wie alt man ist, Lachen ist gesund, und deswegen darf eine gemeinsame Partie Gaudigolf auf gar keinen Fall fehlen, das geht auch mehr als einmal. Golf steckt bereits im Namen, und so verwundert es nicht, dass es sich um eine Mischung aus Golf und Minigolf handelt, und doch ist alles ein wenig anders, schräger, witziger. Angefangen bei den Schlägern, seltsame Dinger, die Bälle sind so groß wie Minifußbälle, Bahnen gibt es keine, und die Hindernisse wurden aus ausrangierten landwirtschaftlichen Dingen gebaut. Man könnte fast sagen, es ist Golf mit Museumscharakter. Definitiv eine Mordsgaudi! Nach getaner Arbeit wird dann das Grillzeug geholt und an einer der Grillstellen beim gemeinsamen Essen der oder die Gewinner geehrt.

AUSFLUG IN VERGANGENE ZEITEN: SAURIERPARK KLEINWELKA

Vor allem die Jüngeren unter uns mögen die Giganten der Urzeit. Von ihnen geht eine unglaubliche Faszination aus und sie begeistern. Doch auch wenn die Saurier hier im Fokus stehen und die Basis des Parks bilden, gibt es auch für die Nichtsaurierfans in der Familie jede Menge zu entdecken, zu erleben und zu lernen. Wer weiß, vielleicht gibt es am Ende des Tags ja den einen oder anderen Fan mehr. Neben den über 200 lebensgroßen Sauriernachbildungen haben Besucher die Chance, die »Ursuppe« zu erkunden. Dort tauchen sie quasi in die Uratmosphäre ein, nachgestellt mit einer Vulkannachbildung und vielen anderen Dingen, die einen staunen lassen. Hier im Saurierpark gibt es nicht nur ein paar Tiere, nein, hier ist eine ganze Erlebniswelt entstanden, die auf spannende, teils täuschend echte und auch interaktive Weise das Entstehen, Leben und Verschwinden der Giganten erzählt. So macht Lernen Spaß. Bei so viel neuem Wissen muss man

Das Muffelwild im Wildgehege lässt sich zwar nicht streicheln, ist aber interessant zu beobachten.

zwischendrin den Kopf einmal frei bekommen, das geht im Lianendschungel beim Klettern, Bouldern oder Hangeln am besten. Außerdem gibt es noch eine Unterwasserwelt, in der die Besucher trocken bleiben, einen Krabbelspace, gigantischen Nebel und auch ganz wichtig Restaurants und Picknickecken, um sich zwischendrin auch mal zu stärken. Manch einer kann ja nie genug bekommen, deswegen sollte für die ganz großen Dinofans auf jeden Fall auch Zeit für das Forschercamp eingeplant werden. Selbstverständlich gibt es auch eine Dinoquizsafari, die während des Aufenthalts animiert, hier und da genauer hinzusehen oder hinzuhören (www.saurierpark.de).

WALDEISENBAHN – EINE REISE DURCH NATUR UND VERGANGENHEIT

Zunächst einmal führt der Weg nach Weißwasser und dort ins Waldbahnmuseum. Was wäre eine Fahrt mit einer historischen Bahn, wenn man nichts über ihre Entstehung im 19. Jahrhundert und ihre Nutzung weiß?

Mit der Unterstützung von Bildern und Exponaten erzählt sich die Geschichte fast wie von selbst. Das Museumspersonal vor Ort plaudert auch gerne mal aus dem Nähkästchen und gibt noch mehr Informationen bei einer kleinen Führung auf Anfrage. Auf dem Gelände gibt es

Die Urweltgiganten im Saurierpark Kleinwelka sehen täuschend echt aus.

AUSFLÜGE IN DER NÄHE auf einen Blick

	32 km vom CP	Leicht	Tagestour
	45 km vom CP	Leicht	Halbtagestour Vorab Ticket buchen!

einiges zu entdecken, und ausnahmsweise darf auch mal auf den Gleisen gelaufen werden. Nachdem nun jeder Bescheid weiß, geht es pünktlich zur Abfahrtszeit zur Bahn selbst. Die Strecke hat sich ein jeder vorher schon gewählt und das Ticket idealerweise vorher gebucht, sonst kann man mangels freier Plätze auch schon mal stehen gelassen werden.

Die Fahrt durch die malerische Landschaft ist ein nostalgisches Vergnügen. Der Zug zuckelt durch den Muskauer Faltenbogen bis nach Kromlau, wo man aus dem Staunen in Deutschlands größtem Rhododendron- und Azaleenpark nicht mehr rauskommt. Sogar der berühmte Fürst-Pückler-Park, ja, er heißt genau wie das Eis, liegt auf der Strecke.

All diejenigen, die ein Ticket ergattern können, haben sogar die Möglichkeit, an ausgewählten Tagen die Rundtour mit der denkmalgeschützten Tonbahn zum »Schweren Berg« zu machen. Nach umfangreichen Reparaturarbeiten wird die Tour ab Juni 2024 wieder angeboten (Waldeisenbahn Muskau, www.waldeisenbahn.de).

Eine Fahrt mit der Waldeisenbahn ist ein wunderbares Urlaubserlebnis.

Die herrliche Lage des Campingplatzes lässt einen im Urlaub so richtig zur Ruhe kommen.

HÖHENHOF 19

Geeignet für Wohnmobile, Caravans und Zelte
▶ Höhenhof,
D-55469 Holzbach
Tel. +49 67616290
GPS 49.94638, 7.533585
■ pincamp.de/pin_245675

Jeder Tag ein Abenteuer: Der Höhenhof mit kleinem Campingplatz liegt in Alleinlage mitten im Hunsrück. Neben Ferienwohnungen, einem Heuhotel und Blockhäusern gibt es Plätze für Wohnmobile, Wohnwagen, Zelte oder Vans. Es ist aber besser, vor der Anfahrt anzufragen, ob ein Stellplatz frei ist. Zusätzlich ist auf der Zeltwiese davor Raum. Von allen Plätzen gibt es einen herrlichen Fernblick über die Höhen des Hunsrücks. Besonders die Stunden um den Sonnenuntergang sind magisch, wenn sich der Himmel nach und nach rot färbt und die leuchtende Sonne langsam hinter dem Horizont verschwindet.

Für Familien gibt es hier jede Menge zu tun. Zum Beginn des Aufenthalts begrüßen die Inhaber beim Hofrundgang die Gäste persönlich und bieten eine Einführung in die Angebote. Dabei stellen sie auch die Tiere vor und wie man mit diesen umgeht. Fester Tagesordnungspunkt jeden Morgen ist die gemeinsame Fütterungsrunde, bei der kleine und große Helfer kräftig mit anpacken. Treffpunkt ist um 8.30 Uhr an der Scheune. Gemeinsam geht es dann zu den Schafen und Hühnern. Die Schweine und Hochlandrinder kann man gut vom Zaun aus beobachten. Hasen und Ziegen dürfen die Kinder jederzeit besuchen und streicheln. Auch Katzen, Pferden und Ponys begegnet man hier hautnah. Vom Ponyreiten sind schon die kleinsten Pferdenarren begeistert. Aber auch die ganze Familie kann auf ausgeglichenen Pferden Reitunterricht nehmen oder durch den umliegenden Wald und über die weiten Wiesen der Umgebung ausreiten. Einmal in der Woche werden Kutsch- und Planwagenfahrten durch den Hunsrück in historischen Kutschen angeboten. Camper dürfen bei der Pflege und Fütterung der Vierbeiner mithelfen. Auch die Anleitung im Umgang mit den Tieren gehört dazu.

»Fester Tagesordnungspunkt jeden Morgen ist die gemeinsame Fütterungsrunde, bei der kleine und große Helfer kräftig mit anpacken.«

Aber auch wenn die Tiere frei haben, wird es nicht langweilig. Hier auf dem Höhenhof ist viel Platz, und die Kinder können sich frei bewegen. Es gibt eine große Spielwiese und eine überdachte Sandkiste. Der Natur-Erlebnis-Spielplatz mit Hügelrutschen, Seilbahn, Wippe, Kletter- und Schaukelmöglichkeiten bietet viel Abwechslung. Dazu kommen ein Riesentrampolin, Bolzplatz, Kettcars, Laufräder und Trettraktoren. Ein liebevoll angelegter Barfußpfad führt mit 24 verschiedenen Stationen rund um den Hof und vorbei an Feldern und Wiesen bis zu einem kleinen Teich sowie wieder zurück. Verschiedene Untergründe sorgen für Abwechslung. Mit dabei sind Lava, Lehm, Ton

Ein Ausritt durch den Wald rund um den Campingplatz ist immer wieder schön.

AUSFLÜGE IN DER NÄHE auf einen Blick

	30 km vom CP	Mittel	2–5 Std.
	64 km vom CP	Leicht	3–4 Std.
	17 km vom CP	Leicht	Halbtagestour

oder Stroh. Auch eine Seilbahn und ein Kneipp-Tretbecken wurden mit eingearbeitet.

Das riesige Schilflabyrinth, das als Erlebnispark mit verschiedenen Sinnesinseln angelegt ist, kann von Familien ebenfalls erobert werden. Nur ein Weg führt hindurch, wodurch man sich nicht verlaufen kann. Doch Achtung, hier ist man länger unterwegs, denn der Weg in die Mitte ist fünf Kilometer lang. Die verkürzte Route misst 2,5 Kilometer. Die Pflanzen sind groß und hoch, weshalb Kinder nur in Begleitung eines Erwachsenen hineingehen dürfen. Aber mit den Eltern macht es ja auch viel mehr Spaß. In der Mitte befindet sich ein besonderer Ruheort. Das Wäldchen am Hof lädt ebenfalls zum Entdecken, Lagerbauen, Stöckesammeln und zu Abenteuern ein. Und wenn es regnet? Dann können Camper den Aufenthaltsraum nutzen und Kinder in der Spielscheune klettern und im Heu springen und rutschen.

Die Feuerstelle am Grillhaus ist ebenfalls beliebt. Besonders die gemeinsamen Abende mit anderen Gästen bleiben auch nach dem Urlaub noch lange in Erinnerung. Dazu gibt es Brötchenservice und einen Bauernladen mit eigenen und regionalen Produkten. Von April bis Oktober ist das Hofcafé an den Wochenenden geöffnet. Der selbst gebackene Kuchen ist ein echter Geheimtipp.

Auf der Hängeseilbrücke Geierlay das Tal zu überqueren, ist etwas für Mutige.

NERVENKITZEL FÜR MUTIGE

Mitten im Hunsrück spannt sich die Hängeseilbrücke Geierlay frei über ein kleines Seitental der Mosel zwischen Mörsdorf und Sosberg. Es handelt sich um die zweitlängste Hängeseilbrücke Deutschlands. Die Überquerung ist mit entsprechendem Nervenkitzel verbunden. Denn mit einer Höhe von 100 Metern über dem Talboden und einer Länge von 360 Metern ist der Weg über die Brücke nichts für schwache Nerven. Die Brücke ist eine der wichtigsten Attraktionen der Region und zieht viele Besucher an. So braucht man an schönen Wochenenden etwas Geduld, bis man sie überquert hat, oder man kommt früh am Morgen oder am späten Nachmittag. Die Geierlaybrücke lässt sich mit einer Wanderung über den Hunsrück verbinden. Vorschläge sind vor Ort ausgeschildert. Vom Besucherparkplatz sind es ein bis zwei Kilometer bis zur Brücke. Die Mitnahme von Kinderwagen ist möglich (www.geierlay.de).

Die Burg Eltz auf ihrem Felsen ist ein Pflichttermin für Burgenfans.

PRÄCHTIG UND MÄCHTIG

Burg Eltz steht malerisch und mächtig in einem Seitental der Mosel auf einem Felsen und ist rundum von Wald umgeben. Seit fast 900 Jahren befindet sie sich im Besitz der gleichnamigen Adelsfamilie. Die beeindruckende Burg wurde zur Sicherung alter Handelswege gebaut. Die ältesten Teile stammen aus dem 12. Jahrhundert. Im Verlauf des 17. Jahrhunderts wurde sie dann mehrfach umgebaut, um mehrere Familienstämme unterzubringen. Da sie sämtlichen Eroberungen und Kriegen entging und dadurch nie zerstört wurde, können Besucher heute einen gut erhaltenen Rittersaal, eine prachtvoll ausgestattete Schatzkammer, eine Küche aus dem 15. Jahrhundert sowie original eingerichtete und bemalte Wohnräume erkunden. Damit bietet Burg Eltz einen beeindruckenden Einblick in das Leben vergangener Jahrhunderte. Dieser historische Schatz ist nicht nur für Erwachsene, sondern auch für Kinder äußerst spannend (www.burg-eltz.de).

AUGE IN AUGE MIT WILDTIEREN

Der Tierpark Rheinböllen erstreckt sich über großzügige 76 Hektar und wurde naturnah gestaltet, um sowohl zahme als auch wilde Tiere zu beherbergen. Auf einem 2,7 Kilometer langen Rundweg können Besucher die faszinierende Vielfalt von 35 verschiedenen Tierarten erleben, darunter Erdmännchen, Hudson-Bay-Wölfe, Braunbären und Bisons. Ein weiteres Highlight des Parks ist die Falknerei. Zusätzlich zu den tierischen Begegnungen bietet der Park viel für Familien. Es gibt Sitzbänke, ansprechende Spielplätze und eine gute gastronomische Auswahl. So kann man hier gut einen halben Tag verbringen und die Natur genießen. Attraktiv ist auch der kostenlose Eintritt für Kinder in Begleitung eines Erwachsenen, der jeden Mittwoch gewährt wird. Bei regnerischem Wetter empfiehlt es sich, Gummistiefel mitzunehmen, um das Erlebnis trotz schlammiger Wege in vollen Zügen genießen zu können (www.tierpark-rheinboellen.de).

DIE POITOU-ESEL AUF DEM HOFGUT HOPFENBURG LIEBEN ES, SICH VON DEN FERIENGÄSTEN VERWÖHNEN ZU LASSEN.

DER SÜDEN

CAMPINGPLÄTZE IM SÜDEN

WEITERE TOLLE PLÄTZE AUF PINCAMP.DE!

FRANKEN

Historische Streifzüge und beeindruckende Tierwelten

20 Ferienhof & Campingplatz Schweinmühle → S. 99

21 Mohrenhof Franken → S. 103

BAYERN

Landliebe und Märchenwelt

22 Camping Schwarzfelder Hof → S. 107

23 Ferienhof Schiermeier → S. 111

24 Naturcamping Marxhof → S. 114

SCHWÄBISCHE ALB

Traumhafte Landschaften und ein Freizeitpark

25 Camping Hofgut Hopfenburg → S. 118

SCHWARZWALD

Dichte Wälder, glucksende Bächlein und vieles für Entdecker

26 Camping Kirnermarteshof → S. 122

ALLGÄU

Badeglück und Ausflüge für die ganze Familie

27 Campinghof Salem → S. 126

28 Camping am Ferienhof Kramer → S. 130

29 Campingplatz Buchseehof → S. 134

Zeichenerklärungen
für die Ausflüge → S. 188

DER SÜDEN DEUTSCHLANDS

Die Waldgebiete der Oberpfalz und des Bayerischen Walds, das von Hügeln durchzogene Franken, Schwaben und die Schwäbische Alb, der in Wiesen eingebettete Pfaffenwinkel, die sonnenverwöhnten Regionen am Bodensee und die Ausläufer des Schwarzwalds: Der Süden Deutschlands hält grandiose Naturerlebnisse bereit und bietet besonders für Familien zahlreiche Freizeitmöglichkeiten für einen abwechslungsreichen Urlaub auf dem Bauernhof und im Umland.

IM VORALPENLAND KANN MAN HERRLICH ENTSCHLEUNIGTE TAGE ERLEBEN.

Auf dem Campingplatz Schweinmühle findet jeder einen schönen Stellplatz nah am Wasser.

20 FERIENHOF & CAMPINGPLATZ SCHWEINMÜHLE

An der Fichtelnaab: Hier gibt es Campen auf dem Bauernhof für die ganze Familie. Der Ferienhof und Campingplatz Schweinmühle liegt besonders schön im idyllischen Fichtelnaabtal direkt am Wasser. Man ist hier nicht weit weg von der Autobahn und campt dennoch ländlich und ruhig. Zum nächsten Ort Windischeschenbach sind es rund vier Kilometer.

Nach der Ankunft können Camper den Platz für ihr Wohnmobil, den Wohnwagen oder das Zelt auf dem ebenen, mit Hecken, Sträuchern und Bäumen eingefassten Wiesengelände entlang der Fichtelnaab frei wählen. Ein weiterer Platzteil erstreckt sich an einem Kanal. Es gibt separate Platzbereiche für Dauercamper und Touristen. Das Gelände ist von Wald und Wiesen umgeben. Eine wenig befahrene Bahnlinie ist in Hörweite.

★★★★

Geeignet für Wohnmobile, Caravans und Zelte, 70 Standplätze, ganzjährig geöffnet
▶ Schweinmühle 1,
D-92670 Windischeschenbach

Tel. +49 96811359
GPS 49.819883, 12.145983

▪ pincamp.de/nb8700

Besonders Familien fühlen sich hier wohl. Mitten in der Natur sind am frühen Morgen nur das Zwitschern der Vögel und die vorbeifließende Naab zu hören. Gerne sieht man dann mit der ersten Tasse Kaffee in der Hand dem aufziehenden leichten Nebel über dem Wasser und den angrenzenden Wiesen zu. Das sind kostbare Momente, während

AUSFLÜGE IN DER NÄHE auf einen Blick

	25 km vom CP	Leicht	2–3 Std.
	2,5 km vom CP	Leicht	ca. 2 Std.

der Campingplatz langsam um einen herum aufwacht. Und schon machen sich die ersten kleinen Abenteurer für den Tag fertig und ziehen ihre Gummistiefel an. Denn die Eseldame Emma und die Ponys Jan und Henry warten bereits auf ihr Futter und die ersten Streicheleinheiten. Die sympathischen Vierbeiner können es kaum abwarten und strecken mit langen Hälsen die Köpfe durchs Gatter, um nichts zu verpassen. Auch zu den Ziegen und Hasen dürfen die Kinder ins Gehege und sie versorgen. Danach bekommen die Schafe und Hühner noch frisches Gras und Körner. Dabei helfen alle gerne mit. Und dann stehen alle gemeinsam andächtig am Zaun und schauen Spike, der Spornschildkröte, zu, wie diese genüsslich frischen Salat, Tomaten und Obst vertilgt.

Man kann sich gar nicht entscheiden, welches der beiden süßer ist.

Während die Kleinen in der Heuspielscheune herumtoben oder den Tieren im Streichelzoo näherkommen, genießen auch die Eltern ihren Urlaub. Alle gemeinsam verbringen bei gutem Wetter gerne Zeit auf der Liegewiese beim Naturbadeteich. Das kühle Wasser ist sehr erfrischend. Beliebt sind der Indoorspielplatz und der Heuboden mit Vogelnestschaukel. Oder man trifft sich auf dem Spielplatz mit Klettergerüst, Schaukel und Rutsche. Hier gibt es alles, was Camper brauchen. Zum Campingplatz gehören ein kleiner Laden mit Brötchenservice und eine Ausflugsgaststätte mit Terrasse über dem Fluss. Der Wirt braut selbst, und zwar nach alter Tradition. Mit den anderen Zoiglbrauern der Region kocht er die Maische in einem der beiden Kommunbrauhäuser von Windischeschenbach über dem offenen Feuer. Diese wird dann mit Hopfen versetzt. Danach braut jeder nach Familienrezept im eigenen Gärkeller. So bekommt man direkt am Campingplatz das für die Region typische untergärige Bier Zoigl frisch vom Fass.

Die Schweinmühle ist ein sehr guter Ausgangspunkt zur Erkundung der Region mit vielen spannenden Ausflugszielen. Eine öffentliche Haltestelle befindet sich rund 200 Meter entfernt. Direkt vom Platz gibt es Möglichkeiten für ausgedehnte Wanderungen und zum Radfahren. Auch der Fichtelnaab-Radweg führt vorbei. Sehr lohnend für Familien ist der hier startende, liebevoll angelegte Walderlebnisweg mit unterhaltsamen Stationen, der auch an einem Damwildgehege vorbeiführt. Die scheuen Tiere lassen sich gerne füttern. Von der Aussichtskanzel hat man einen herrlichen Blick auf die Umgebung. Keinesfalls verpassen sollte man auch einen Besuch im romantischen und ursprünglichen Waldnaabtal ganz in der Nähe. Besonders schön ist der Abschnitt zwischen Neuhaus und Falkenberg, den man auf dem Qualitätswanderweg Goldsteig, der mitten durchs Naturschutzgebiet führt, erwandern kann.

LEBENDIGE ZEITREISE

Ganz am Rand von Deutschland können sich Besucher auf eine faszinierende Zeitreise in den Alltag des 9. bis 13. Jahrhunderts begeben. Über 30 Gebäude wurden mit den Materialien und Techniken der damaligen Zeit originalgetreu und mit sehr vielen Details aufgebaut. Zu sehen sind ein frühmittelalterliches slawisches Dorf, eine Turmhügelburg aus dem 11. Jahrhundert mit Stabkirche und eine hochmittelalterliche Siedlung. Das ist auch für Familien spannend. Die Landschaft, Gärten und Wirtschaftsflächen wurden ebenfalls nachempfunden. Ehrenamtliche Darsteller erwecken an den Wochenenden den damaligen Alltag zum Leben, und die Besucher können sich beim Bogenschießen, Brotbacken, Lehmofenbau oder Zäuneflechten ausprobieren. Daneben befindet sich die experimentelle Schaubaustelle einer kaiserlichen Reisestation aus dem Spätmittelalter. Der hohe Herr nahm bei seinen Reisen auf der goldenen Straße zwischen Nürnberg und Prag mehrfach hier Quartier. Das Museum ist von April bis Oktober geöffnet. Zusätzliche Informationen gibt es über einen Audioguide. Zur Anlage gehören eine Dauerausstellung zum Bauen im Mittelalter, das Museumslokal Brot&Zeit und ein Spielplatz (Geschichtspark Bärnau-Tachov, www.geschichtspark.de).

»Alle gemeinsam verbringen bei gutem Wetter gerne Zeit auf der Liegewiese beim Naturbadeteich.«

Im Geschichtspark in Bärnau werden vergangene Zeiten lebendig.

DEM GEHEIMNIS DER ERDE AUF DER SPUR

Im GEO-Zentrum an der Kontinentalen Tiefbohrung (KTB) in Windischeschenbach erleben Familien eine faszinierende Attraktion ganz besonderer Art. Hier befindet sich das tiefste zugängliche Bohrloch der Welt, mit einer beeindruckenden Tiefe von 9101 Metern. Dieses spielt eine entscheidende Rolle in der Erforschung der Erdkruste und ermöglicht tiefe Einblicke in die geologischen Geheimnisse unseres Planeten.

Direkt daneben kann man den höchsten Landbohrturm der Welt bestaunen, der stolze 83 Meter in die Höhe ragt. Das Besondere: Besucher haben die Möglichkeit, hinaufzusteigen und die Umgebung aus einer einzigartigen Perspektive zu erleben. Zu sehen sind verschiedene Ausstellungen im Außen- und Innenbereich, Bohrproben, eine Ausrüstung für Tiefbohrungen oder ein Erdbeben-Simulator.

Ein Besuch im GEO-Zentrum bietet einen Blick auf technische Meisterleistungen, Wissenschaft und neue Technologien. Interaktive Erfahrungen erweitern den Horizont. Es ist ein Ort für Wissbegierige, der die Verbindung zwischen Forschung, Technologie und der faszinierenden Welt unter unseren Füßen aufzeigt. In den Ferien werden verschiedene Mitmachangebote für Familien veranstaltet. Sehr empfehlenswert sind auch die angebotenen Führungen (www.geozentrum-ktb.de).

Der Bohrturm des Projekts Kontinentale Tiefenbohrung steht über dem tiefsten zugänglichen Bohrloch der Welt.

Einfach mal die Seele baumeln lassen auf dem Mohrenhof Franken – zwischen Bäumen mit Blick auf den See

21 MOHRENHOF FRANKEN

★★★★☆

Geeignet für Wohnmobile, Caravans und Zelte, 250 Standplätze, ganzjährig geöffnet
▸ Lauterbach 3,
D-91608 Geslau

Tel. +49 9867978609
GPS 49.345149, 10.324266

■ pincamp.de/nb3500

Langeweile Fehlanzeige: »Ich gehe jetzt Kühe füttern, die haben schon Hunger und warten auf mich«, verkündet die vierjährige Maria ihren Eltern und verschwindet in Richtung Stall. Wie gut, dass der nicht weit vom Familienwohnwagen entfernt ist. Hier campt man mit Wohnmobil, Wohnwagen und Zelt mitten auf dem Land im Grünen. Der Mohrenhof ist schön gelegen und von Wiesen und Feldern umgeben. Mit dazu gehört ein gepflegter Campingplatz. Und direkt neben dem Bauernhof befinden sich die großzügigen Stellplätze auf angelegten Terrassen und anderen Arealen. Für jeden Geschmack ist etwas dabei. Gruppen fühlen sich auf der Zeltwiese wohl. Und wer will und einen Platz bekommt, campt mit dem Wohnmobil oder Wohnwagen auf der Wiese direkt am See unter alten Bäumen. Das neue Sanitärgebäude in der Mitte des Platzes ist eine wahre Sanitäroase und sehr ansprechend gestaltet. Der Bauernhof erzeugt seine eigene Energie und versorgt auch den nach und nach gewachsenen Campingplatz komplett damit. Zum Einsatz kommen Biogas und Photovoltaik.

Für Kinder gibt es hier auf dem Campingplatz und Bauernhof jede Menge zu tun. Oft ist der

AUSFLÜGE IN DER NÄHE auf einen Blick

(Fernglas)	11 km vom CP	Leicht	3 Std., Apr.–Okt., außer montags
(Fernglas)	50 km vom CP	Leicht	Halbtagestour
(Ort)	55 km vom CP	Leicht	Tagestour

erste Termin des Tags ein Besuch bei den Tieren. Nur ein paar Meter sind es vom Camper bis zum Aussichtspunkt auf die Ochsenweide. Oder vielleicht doch lieber erst zum Alpakagehege und schauen, was da so los ist? Auch selbst mit Hand anlegen gehört für kleine Camper auf dem Mohrenhof dazu. Morgens werden die Ponys gepflegt und gestriegelt. Danach starten die geführten Ponyrunden. Zur festen Stallstunde am Nachmittag geht es täglich mit Oma Agni zu den Tieren. Kühe, Hasen und Hühner warten auf ihr Futter. Mutige kontrollieren, ob die Hühner Eier gelegt haben. Große und Kleine sind eifrig beim Heuausteilen, und manchmal darf man auch dem Kälbchen die Flasche geben. Andächtige Ruhe kehrt ein, wenn dann alle Tiere versorgt sind und die Stallgeschichte erzählt wird. Aber das ist noch nicht alles an Abenteuer und Aktivitäten. Eine Woche reicht kaum aus, um alles mitzumachen. Mehrmals in der Woche bietet das Team Alpakawanderungen an. Dabei muss man vorsichtig mit den Tieren umgehen, denn Alpakas sind sensibel und folgen nicht jedem. Traktorrundfahrten, Basteln bei den Alpakas und Tretcarfahren machen ebenfalls Spaß und sorgen für ganz viel Leben auf dem Campingplatz. Ein Highlight ist auch der Badesee mit Sandstrand und großem Spielplatz. Bei schlechtem Wetter kann man hier kleinen Fischen und Fröschen nachstellen oder in der Spielscheune mit anderen Kindern toben. Am Abend brennen auf dem ganzen Platz die Lagerfeuer, ideal für selbst gemachtes Stockbrot. Und wem das nicht reicht, der kann sich beim Adventure-Golf, im Wakepark und Aqua Park oder beim Bogenschießen ausprobieren. Langeweile kommt hier sicher nicht auf. Der Mohrenhof ist ein Campingplatz zum Wiederkommen.

Nach dem Pflegen der Ponys ist Reiten angesagt.

GREIFVÖGEL UND EULEN GANZ NAH ERLEBEN

Schloss Schillingsfürst liegt nicht zu weit vom Campingplatz weg. Hier bietet ein beliebtes Ausflugsziel Interessantes für die ganze Familie. Das prächtige Barockschloss liegt spektakulär auf der Frankenhöhe und kann besichtigt werden. Dabei taucht man tief in die Vergangenheit ein. Mit dazu gehört der Jagdfalkenhof, der sich auf dem Gelände des Schlosses befindet. Im Schlossgraben erstreckt sich die Freiluftmanege, in der täglich Flugvorführungen stattfinden. Und das ist ein echtes Erlebnis, bei dem man den Tieren sehr

Im Wildpark Bad Mergentheim kann man die Wölfe in ihrem Gehege beobachten.

»Hier campt man mit Wohnmobil, Wohnwagen und Zelt mitten auf dem Land im Grünen.«

nahekommt. Bereits beim Rundgang können die Besucher verschiedene Arten von Greifvögeln und Eulen erleben. Darunter sind Adler, Bussarde oder Falken. Im Preis inbegriffen ist der Besuch eines kleinen Jagd- und Falknerei-Museums. Zweimal täglich bieten die Falkner eine Flugshow an und laufen mit den Vögeln mitten durch die Besucher. Riesige Eulen, mächtige Adler und grazile Falken gleiten leicht durch die Luft und manchmal auch genau über die Zuschauer hinweg. Erstaunlich, wie riesig die Flügelspannweite der gezeigten Geier ist. Im Freiflug zeigen die Tiere ihre Flugkunst und ihre Persönlichkeit. Dazu gibt es viele Informationen. Hunde sind allerdings nicht zugelassen (Greifvogel- und Eulenpark Wilder Wald, www.falkenhof-schillingsfuerst.de).

AUGE IN AUGE MIT WÖLFEN UND ANDEREN WILDTIEREN

Der Wildpark Bad Mergentheim mit über 70 europäischen Tierarten, die in großzügigen Gehegen mit viel Rückzugsraum leben, ist vor allem für Familien ein spannendes Ausflugsziel. Ein besonderes Erlebnis sind die Fütterungsrunden, bei denen man zweimal am Tag die Tierpfleger zu den verschiedenen Tieren begleitet und viel über sie erfährt.

Los geht es in der Nähe des Eingangs. Bussard und Eule sind zuerst dran, dann geht es weiter zu Adler und Rothirsch, Fischotter, Bär und Luchs. Nachdem der Geier sein Futter bekommen hat, tauchen auf einmal fast 30 Wölfe aus dem Wald auf, und Besucher stehen dem wohl größten Wolfsrudel in Europa Auge in Auge gegenüber. Keine Sorge, der Zaun ist stabil. Beim Fressen kann man das Verhalten und die Interaktion der Gruppe sehr gut beobachten. Achtung, nicht erschrecken, hier wird geknurrt und geschubst. Immer wieder kommt man beim Rundgang den Tieren hautnah und geht auch durch manche

Gehege hindurch. Beim Spielbauernhof gibt es einen Streichelzoo. Überraschende Einblicke bieten die Haustiervorführungen. Erlebnisstationen und ansprechende naturnahe Spielplätze runden den erlebnisreichen Tag ab (Wildpark Bad Mergentheim, Wildpark 1, 97980 Bad Mergentheim, www.wildtierpark.de).

SPIEL UND SPASS

In Zirndorf ist die Heimat der beliebten Playmobilfiguren. Der hier entstandene Funpark besteht aus vielen liebevoll angelegten thematischen Spielplätzen. Sie erwecken die verschiedenen Spielzeugwelten zum Leben. Man kann Gold waschen im Wilden Westen, Kühe melken auf dem Bauernhof, die Königsburg regieren oder mit dem Seeräuberschiff in See stechen; da vergeht die Zeit für kleine und große Abenteurer im Flug. Hier werden Kinderträume wahr.

Auch die verschiedenen Wasserspielplätze sind beliebt. Da gibt es Kanäle für die Playmobilschiffe, verborgene Tunnel hinter Wasserfällen oder große Muscheln, die »Schätze« ausspucken. Bei schlechtem Wetter sorgen Spielplätze mit reichlich Playmobil im Indoorbereich für Abwechslung. Keine Sorge, es ist genügend da, und es gibt immer jemanden, der die Fahrzeuge und Schiffe wieder zusammensetzt.

Ganz wichtig, unbedingt Matschhosen, Badesachen, Handtücher und Wechselkleidung mitnehmen. So können die kleinen Entdecker den Park richtig genießen (www.playmobil-funpark.de).

Schiff ahoi – gleich ist das Schiff erreicht und wird dann natürlich von den Piraten geentert.

Auf dem Camping Schwarzfelder Hof findet jeder ein Plätzchen zum Ausspannen.

22 CAMPING SCHWARZFELDER HOF

★★★½☆

Geeignet für Wohnmobile, Caravans und Zelte, 110 Standplätze
▶ Schwarzfelder Weg 2, D-89340 Riedheim

Tel. +49 822172628
GPS 48.464649, 10.203466

■ pincamp.de/sb190

Leben auf dem Land: »Die Kühe sind ganz schön groß und haben riesige Hörner. Und sie lieben es, wenn ich ihnen Heu gebe«, berichtet Florian seinen Eltern. Er ist noch ganz aufgeregt von den Erlebnissen bei der Fütterung, die er gerade mitgemacht hat. Auf dem Schwarzfelder Hof ist alles auf Familien abgestimmt, und nicht nur Kinder fallen nach einem Tag voller Abenteuer abends zufrieden und glücklich ins Bett. Jeder Tag ist geprägt von neuen Entdeckungen.

Der familiäre Campingplatz auf dem lebendigen Bauernhof liegt am Rand des Naturschutzgebiets »Schwäbisches Donaumoos« nicht weit von Günzburg. Zur Anlage gehört ein naturbelassener Badesee, beliebt zum Schwimmen, Planschen und Angeln. Aber auch Krebse, Fische und Frösche können hier von neugierigen Forschern entdeckt werden.

Viele der Angebote auf dem Bauernhofcampingplatz richten sich an Kinder unter zwölf Jahren. Hier ist viel Platz zum Toben und Spielen. Zum Seeufer und der angrenzenden Liegewiese kommt ein sehr schön angelegter Kinderspielplatz mit verschiedenen Klettermöglichkeiten und großer Sandkiste unter einem Sonnensegel. Hier

Was für ein Prachtkerl – der Hahn auf dem Schwarzfelder Hof

Das Leben auf dem Land steht beim Aufenthalt auf dem Campingplatz im Mittelpunkt. Campinggäste erleben auf dem Schwarzfelder Hof einen aktiven Bauernhof, der von der Zucht schottischer Galloway-Hochlandrinder, Ackerbau und bewirtschaftetem Grünland geprägt ist. So sind auch große Traktoren im Einsatz. Dazu kommt eine Pferdepension. Überall auf dem Hof begegnet man Tieren. Die freundlichen Hofhunde und Stallkatzen freuen sich über Streicheleinheiten. Besondere Erlebnisse für Große und Kleine sind die Tierfütterungen am Morgen und am Abend, in die die Kinder vom Bauern miteinbezogen werden und dabei tatkräftig mit anpacken. Pferde und Rinder und die Tiere im Streichelzoo werden mit frischem Grün, Körnern, Heu, Gemüse und anderem Futter versorgt, das durch die kleinen Helfer sorgfältig verteilt wird. Wichtig ist dem engagierten Landwirt dabei auch die Vermittlung von respektvollem Verhalten gegenüber den Vierbeinern.

Die Tage auf dem Campingplatz vergehen wie im Flug. Am Abend trifft man sich dann mit anderen Familien an der großen Feuerstelle zum gemeinsamen Grillen und Austausch. Im Hofladen werden dafür eigene Produkte wie Steaks und Grillwürste angeboten. Und auch für den, der im Urlaub nicht selbst kochen will, ist gesorgt. Regelmäßig kommt das Pizzamobil vorbei, und auch ein Frühstücksservice ist möglich.

Wohnmobile, Wohnwagen und Zelte stehen auf einem ebenen Wiesengelände zwischen See und Bauernhof, das von Büschen und Blumen und Laub- und Nadelbäumen umgeben ist. Einige Standplätze sind gekiest und von Bäumen und Büschen abgegrenzt. Dazu gibt es zwei separate Zeltwiesen für Gruppen. Trotz der zentralen Lage in der Nähe der Autobahn befinden sich Camper hier mitten in der Natur. Rundherum erstrecken sich weite Felder und Wiesen, die zu ausgedehnten Spaziergängen oder Fahrradtouren direkt vom Hof einladen.

»Zur Anlage gehört ein naturbelassener Badesee, beliebt zum Schwimmen, Planschen und Angeln.«

kann man viel Zeit verbringen und andere Kinder treffen. So entstehen schnell Freundschaften. Aber auch bei schlechtem Wetter kommt auf dem Schwarzfelder Hof keine Langeweile auf. Außergewöhnlich ist der liebevoll gestaltete Indoorspielplatz in einer riesigen Scheune mit Seilrutsche, Balancierseil und Kletterburg. Und Toben im duftenden Heu ist hier ausdrücklich erlaubt. Ein Kinderprogramm inklusive Ponyreiten sorgt für zusätzliche Abwechslung bei den kleinen Gästen. Im Streichelzoo des Hofs kommen die Kinder Hasen, Ziegen, Schweinen, Schafen, Hühnern und Ponys ganz nahe, können sie ausgiebig beobachten und streicheln.

AUSFLÜGE IN DER NÄHE auf einen Blick

Naturerlebnis	4,5 km	Leicht	etwa 2 Std. ca. 500 Meter vom CP
Ort	12 km vom CP	Leicht	Halbtages- bis Tagestour

DEM MOOR AUF DER SPUR

Der Einstieg in den Naturerlebnisweg Leipheimer Moos erfolgt ganz in der Nähe des Campingplatzes. Ein Rundweg führt die Besucher durch die einzigartige Niedermoor-Landschaft, die unter Naturschutz steht. Hier leben seltene Tiere und Pflanzen. Der Weg führt durch eine herrlich grüne Landschaft und vorbei an Weiden, auf denen verschiedene Tiere zu sehen sind. Mit etwas Glück kann man unterwegs Libellen oder Ringelnattern entdecken. Direkt neben dem Naturerlebnisweg passiert man ein Gatter mit Wasserbüffeln. Ein Stück weiter leben Exmoor-Ponys mit ihren Fohlen, und kurz bevor man wieder in Richtung Bauernhof abbiegt, erreicht man eine Weide mit schottischen Hochlandrindern, die im Moos als Landschaftspfleger eingesetzt werden. Kurz vor der Rückkehr auf den Campingplatz kommt man an der benachbarten Straußenfarm vorbei. Hier lassen sich in Außengehegen die großen Laufvögel und ihr Verhalten ausgiebig beobachten. Das ist für Kinder und Eltern spannend. Aus Sicherheitsgründen ist der Bohlenweg, der direkt über das Moor führt, aktuell gesperrt, wodurch sich die Strecke des Naturerlebniswegs um 300 Meter verlängert. Es gibt einen Audioguide der »Bayerisch-Schwaben-Lauschtour« für die Strecke. Man kann die Lauschtour »Durchs Leipheimer Moos – Ein Moor fürs Ohr« auch auf dem Handy hören. Alternativ gibt es auf dem Schwarzfelder Hof eine iPod-Verleihstation.

Störche und Enten können auf dem Weg durch das Moor gut beobachtet werden.

MEHR ALS KLEINE BUNTE STEINE

Nicht weit vom Bauernhofcampingplatz entfernt befindet sich das Legoland Deutschland. Rund um die beliebten Kunststoffsteinchen wurde ein gepflegter und beliebter Familien- und Freizeitpark mit verschiedenen Themenwelten geschaffen. Die Fahrgeschäfte und Achterbahnen reichen von einfachen Attraktionen für die Kleinen bis zur Mega-Achterbahn mit Looping. Hier kommen vor allem kleine und große Legofans auf ihre Kosten. In der Miniaturwelt staunt man über die Welt im Miniaturformat mit Städten und Landschaften Europas. Schloss Neuschwanstein, Berlin, Venedig und sogar die Münchner Allianz Arena wurden liebevoll und originalgetreu aus Millionen von Legosteinen gebaut.

Sehr viele durchdachte Spielplätze sorgen für Abwechslung. Besonders bei warmem Wetter sind der Wasserspielplatz oder die Wasserschlacht im Piratenbereich beliebt, Wechselkleidung also nicht vergessen. Dazu kommen verschiedene Legobaustationen, aufwendige Shows und eine tägliche Parade. Ein weiterer Höhepunkt ist die Unterwasserwelt mit virtueller U-Boot-Fahrt und detailgetreuen Modellen.

Das Legoland ist ein beliebtes Ausflugsziel, das Familien aus ganz Deutschland und auch aus den angrenzenden Ländern ansteuern. Vor allem an Ferientagen kann es deshalb an den verschiedenen Fahrgeschäften lange Schlangen geben. Eine eigene App des Parks bietet einen Überblick über die Wartezeiten der Attraktionen. Dazu erhält man zahlreiche nützliche Informationen. Parkplätze sind vorhanden. Im angrenzenden Feriendorf, das zum Legoland gehört, gibt es auch einen Campingplatz (www.legoland.de).

Das Legoland Deutschland zieht große und kleine Legofans fast magisch an.

Auf dem Ferienhof Schiermeier leben Gäste und Tiere nah beieinander.

23 FERIENHOF SCHIERMEIER

Geeignet für Wohnmobile, Caravans und Zelte,
ganzjährig geöffnet
▶ Kelchham 4a,
D-94136 Thyrnau

Tel. +49 850193110
GPS 48.647622, 13.551076

■ pincamp.de/pin_240457

Idyllisch in Dorfrandlage: Hier sind Kinder den ganzen Tag beschäftigt. Und der Kontakt zu den Tieren auf dem Bauernhof gehört zum Urlaub dazu. Pferde, Ponys, Hasen, Hühner, Ziegen und Katzen leben hier. Es gibt immer etwas zu tun. Wer will, ist eingeladen, bei der Versorgung mitzuhelfen. Kleine und große Tierliebhaber haben viel Spaß dabei, die Ställe sauber zu machen oder Heu zu verteilen. Kinder dürfen zu den Ziegen ins Gehege gehen und sie füttern. Und auch die Pferde werden gemeinsam versorgt. Diese leben in einer Herde in Offenstallhaltung. Vor dem Reiten muss also ordentlich geputzt werden. Die Ponys stehen den Urlaubsgästen ohne Extrakosten zur Verfügung. Da freuen sich kleine und große Pferdenarren. Das Ponyreiten findet auf dem Reitplatz statt. Aber Achtung, Ponys können manchmal ganz schön stur sein, da müssen sich die Eltern beim Satteln und Führen ordentlich durchsetzen. Auch das Mitfahren auf dem Traktor sorgt für unvergessliche Urlaubserlebnisse. Beim Bauern im Ort gibt es frische Kuhmilch und vielleicht auch einmal ein Kälbchen zu sehen.

Aber das ist noch nicht alles. Auf dem großen Abenteuerspielplatz, der zum Hof gehört, ergeben sich schnell Freundschaften. Kletterburg, Schaukeln und zwei Seilbahnen sorgen für Abwechs-

AUSFLÜGE IN DER NÄHE auf einen Blick

	35 km vom CP	Leicht	Halbtagestour
	41 km vom CP	Leicht	Halbtagestour

lung. Eine davon ist für kleinere Kinder geeignet. Den Fußballplatz, den Volleyballplatz und die neue Mehrzweckhalle können die Camper ebenfalls nutzen. Sehr beliebt sind auch die hofeigenen Gokarts. Und am Abend sitzen alle gemeinsam am Lagerfeuer.

Der Ferienhof Schiermeier mit Bauernhof, Ferienwohnungen, einem Haus für Gruppen und kleinem Campingplatz liegt idyllisch am Rand des Dörfchens Kelchham bei Thyrnau hoch über den Donauufern. Rundum erstreckt sich der südliche Teil des Bayerischen Walds. Nach Passau sind es nur wenige Kilometer. Und auch das Dreiländereck, wo Deutschland, Österreich und Tschechien zusammentreffen, ist nicht weit entfernt. Wohnmobile, Wohnwagen und Zelte stehen umgeben von viel Grün und Natur auf großen Terrassen am Rand des Hofs. Von den nicht parzellierten Stellplätzen gibt es einen weiten Blick übers Land.

Bereits im 19. Jahrhundert erfreute sich König Maximilian II. von Bayern in der Region an dem herrlichen Panoramablick. Dieser reicht bei gutem Wetter von den Kuppen des Bayerischen Walds im Norden bis zu den Gebirgszügen der Alpen im Süden. In den umliegenden Wiesen, Wäldern und Hügeln leben Feldhasen, Rehe und Bussarde.

Wer hierherkommt, bleibt gerne ein paar Tage länger. Der Campingplatz ist das ganze Jahr geöffnet, und die Region ist für Familien attraktiv. Hier ist ein sehr guter Ausgangspunkt für Wanderungen und Fahrradtouren. Der eigene Badesee ist als Naturschwimmbad mit Wasserrutsche angelegt. Das klare Wasser ist gerade an heißen Tagen sehr erfrischend. Und im Winter geht es direkt vom Campingplatz in den Schnee.

Der Campingplatz am Rand von Thyrnau liegt malerisch eingebettet in die abwechslungsreiche Landschaft.

Vom Gipfel des Lusen aus reicht der Blick weit über den Bayerischen Wald.

WALD HAUTNAH

Hier kann man dem Wald aufs Dach steigen und ihn intensiv erleben. Im Süden des Bayerischen Walds liegt das Nationalparkzentrum Lusen mit verschiedenen naturnahen Attraktionen für die ganze Familie. Hier wurde mit viel Liebe zum Detail der längste Baumwipfelpfad der Welt angelegt. Der 1,3 Kilometer lange Lehrpfad führt zum 44 Meter hohen Baumei, das uralte Tannen und Buchen umschließt. Der Aussichtsturm fügt sich ideal in die Baumkronen und die umliegende Landschaft ein. Von oben bietet sich den Besuchern eine herrliche Aussicht über den Nationalpark und den bayerischen Bergmischwald.

Bei gutem Wetter reicht die Sicht sogar bis zu den Alpen. Unterwegs gibt es bei Geschicklichkeitsspielen und an Erlebnisstationen viele Informationen über den umliegenden Wald und seine Besonderheiten. Balanciermöglichkeiten und Kletterstationen sorgen zusätzlich für Abwechslung. Der Baumwipfelpfad ist für Rollstuhlfahrer und Familien mit Kinderwagen geeignet. Direkt daneben erleben Besucher in einem weitläufigen Freigelände rund 40 heimische Tierarten in ihrem natürlichen Lebensraum. Wolf, Braunbär, Luchs, Elch und Wildkatze erreicht man über verschiedene Rundwanderungen (www.treetop-walks.com/bayerischer-wald).

»Der Kontakt zu den Tieren auf dem Bauernhof gehört zum Urlaub dazu.«

ZEITREISE IN DIE NAHE VERGANGENHEIT

Mitten im Nationalpark Bayerischer Wald und ganz in der Nähe der tschechischen Grenze dreht sich im Freilichtmuseum Finsterau alles um das Leben in der Region in der Vergangenheit. Bauernhäuser und komplette Bauernhöfe wurden sorgfältig wieder aufgerichtet und sind vom Keller bis zum Dachboden mit viel Liebe zum Detail eingerichtet. Darunter ist auch einer der letzten großen Höfe des Bayerischen Walds. Beim Besuch hat man das Gefühl, die Bauern, die hier gelebt haben, wären gerade erst aus der Tür gegangen. Hier stehen eine Schmiede mit kleiner Landwirtschaft, ein Straßenwirtshaus mit Tanzsaal und eine alte Waldarbeiterhütte. Erhalten ist ein Waldleranwesen mit Wohnstallhaus und ein Bauernhof mit Rinderstall, Garten und Schwemme.

Eines der letzten erhaltenen Böhmerwaldhäuser mit Wohnung, Viehstall und Stadel unter dem tiefgezogenen Walmdach hat ebenfalls seinen Weg ins Museum gefunden. Immer wieder wird auch das Leben der Kinder auf diesen Anwesen in der Vergangenheit greifbar. Die Begegnung mit den Bauernhoftieren gehört zum Besuch ebenfalls dazu. Kühe, Schafe und Esel leben hier. Die traditionelle Museumswirtschaft und das Café Heimat vermitteln die Atmosphäre der Vergangenheit. Und einen schönen Spielplatz gibt es auch (www.freilichtmuseum.de).

Die Kühe auf dem Marxhof lieben es, sich von den Feriengästen verwöhnen zu lassen.

NATURCAMPING MARXHOF 24

Geeignet für Wohnmobile, Caravans und Zelte
▶ Leithen 8, D-82389 Böbing
Tel. +49 88679199941
GPS 47.763209, 10.980205
■ pincamp.de/pin_236801

Im verwunschenen Garten: »Ich gehe jetzt zum Melken und helfe dann die Kälbchen füttern«, kündigt die achtjährige Hanna ihren Eltern an, als sie vor dem Zelt ihre Gummistiefel anzieht. Nach einer Woche Urlaub auf dem Marxhof hilft sie jeden Tag bei den Tieren mit und hat schon viele neue Freundinnen gefunden. Auch ihre Eltern genießen das Erlebnis Landleben.

Mit dem Zelt, Wohnwagen oder Wohnmobil campen Familien auf dem Marxhof wie in einem verwunschenen Garten. Zauberhaft ist auch der weite Blick übers Land mit grünen geschwungenen Wiesen und dichtem Wald bis zu den Alpen in der Ferne. Die Landluft riecht nach Blumen, Gräsern und Bäumen. Kein Wunder, dass viele Camper immer wieder gerne wiederkommen. Der ursprüngliche Bauernhofcampingplatz liegt auf einer kleinen Anhöhe in der reizvollen Landschaft Oberbayerns unweit von Böbing. Im umliegenden Pfaffenwinkel prägen Berge, klare Seen, sanft geschwungene Hügel und blühende Wiesen die Umgebung. Der Name stammt von den über 150 Kirchen und uralten Klöstern, die hier gebaut wurden. Dazu kommen schöne gepflegte Bauernhöfe sowie zahlreiche Biergärten

AUSFLÜGE IN DER NÄHE auf einen Blick

	17 km vom CP	Leicht	3–4 Std.
	17 km vom CP	Leicht	2 Std.
	38 km vom CP	Leicht	3–4 Std.

und Gasthäuser. Der Bauernhof ist ein Familienbetrieb und wird in der sechsten Generation bewirtschaftet, aktuell als biologische Landwirtschaft und Mitmachhof. So gehören für große und kleine Gäste unbedingt Gummistiefel und genügend Wechselkleidung ins Gepäck. Auf dem Bauernhof gibt es nämlich immer etwas zu tun. Kinder und Eltern dürfen bei der alltäglichen Stallarbeit dabei sein und vor allem auch kräftig mit anpacken.

Dass Kühe nicht lila sind, wissen Camperkinder. Aber hier kann man sich davon zur Sicherheit noch einmal selbst überzeugen. Die 30 Milchkühe, die gemeinsam mit einem Stier und ihren Kälbern in einem offenen Laufstall leben, sind braun oder gefleckt. Tagsüber geht es für sie bei gutem Wetter auf die Wiesen rund um den Hof. Die Kühe werden gemeinsam auf die Weide gebracht und am Abend wieder mit zurückgeholt. Und auch beim Füttern dürfen die Gäste helfen. Die Kühe bekommen frisches Gras, und in den Wintermonaten gibt es Heu und Silage. Das riecht richtig gut. Während des Verteilens ist es wichtig, vorsichtig zu hantieren, denn die Heugabel ist schwer und hat lange Spitzen. Beim Melken erfahren die Kinder, dass die Milch aus den prallen Eutern und nicht aus der Flasche kommt. Selbst melken ist aber gar nicht so einfach, vor allem auf die Hufe und den Schwanz sollte man aufpassen. Danach bekommen die Kälbchen ihre Milch aus einem speziellen Eimer. Den muss man gut festhalten, damit er nicht umfällt. Futter wird mit einem Bulldog geholt, der auch sonst regelmäßig für Arbeiten auf dem Bauernhof zum Einsatz kommt. Dabei ist immer ein Platz frei zum Mitfahren. Und auch beim Zaunbauen oder anderen Arbeiten kann man dem Bauern über die Schulter schauen oder ihm das Werkzeug anreichen.

Weitere Tiere auf dem Hof sind Hühner, die täglich frische Eier legen. Und Katzen und Hasen wollen ebenfalls gefüttert und vor allem ausgiebig gestreichelt werden. Zusätzlich können sich kleine Abenteurer die Zeit auf dem Spielplatz mit Schaukel und Rutsche vertreiben. In der Spielgarage stehen viele verschiedene Fahrzeuge zur Auswahl. Und auf dem riesigen Trampolin hüpft man begeistert dem Himmel entgegen. Zu Beginn der Ferien noch ganz vorsichtig und dann immer höher. Nach so vielen Eindrücken und Erlebnissen fallen beim gemütlichen Abend am Lagerfeuer schon die Augen zu, noch bevor die erste Geschichte erzählt ist.

Von Böbing aus ist in der Ferne die Alpenkette zu sehen.

Vom Campingplatz kann man direkt zu schönen Spaziergängen und Wanderungen aufbrechen. In zehn Minuten hat man das Zentrum von Böbing erreicht. Hier finden Camper eine Biobäckerei mit Café, den Metzger, einen kleinen Lebensmittelladen und Gastwirtschaften. Ein kleiner Badesee mit Badestrand liegt nicht weit vom Hof entfernt. Die sehenswerte naturnahe Ammerschlucht erreicht man ebenfalls direkt vom Bauernhof aus. Und vom rund 900 Meter hohen Schnalzgipfel, zu dem eine nicht zu schwere Wanderung führt, hat man bei gutem Wetter einen Panoramablick über das Voralpenland bis zu den Alpen. Beide Erlebnisse lassen sich mit einer Wanderung über den gut ausgebauten Schnalz-Panoramaweg Böbing kombinieren. Und wer Räder dabeihat, fährt damit auf gemütliche Radtouren durchs hügelige Umland.

LEBENDIGE MÄRCHEN

Der Schongauer Märchenwald und Tierpark ist ein beliebtes Ausflugsziel für Familien mit Kindern bis zehn Jahre. Über einen Waldweg geht es in den Märchenwald mit Nachbildungen der beliebtesten Geschichten der Brüder Grimm mit großen Figuren, von Rapunzel bis zum Gestiefelten Kater. Ein Erlebniswald mit Barfußpfad und Stationen rund um Wald und Natur schließt sich an. Mehrere liebevoll gestaltete Spielplätze sind über das Gelände verteilt. Mit dem Märchenzug, einer beliebten Attraktion, führt die Fahrt durch ein Zwergenbergwerk. Dazu kommt noch eine Anzahl von Tiergehegen, inklusive Streichelzoo. Neben Damwild, Schafen, Ziegen oder verschiedenen Papageien leben hier auch eher seltene Arten wie Stachelschweine oder Nandus. Spe-

Die Stuckarbeiten und Malereien in der Wieskirche sind einzigartig.

»Zauberhaft ist auch der weite Blick übers Land mit grünen geschwungenen Wiesen und dichtem Wald bis zu den Alpen in der Ferne.«

zialfutter zum Füttern kann man an der Kasse erstehen. Ein Restaurant mit einer großen Sonnenterrasse rundet das Angebot ab. Der Märchenwald ist für den Besuch mit dem Kinderwagen oder Rollstuhl geeignet. Geöffnet ist in der Sommersaison täglich, in den Wintermonaten an den Wochenenden sowie in den Schulferien von Bayern (www.schongauer-maerchenwald.de).

WO WUNDER GESCHEHEN

Die Wieskirche gehört zu den wichtigsten kirchlichen Bauwerken in Deutschland. Sie wurde im Jahr 1983 in die Liste des UNESCO-Weltkulturerbes aufgenommen und zieht Kunstbegeisterte aus der ganzen Welt an. Aber auch Familien lassen sich von der Pracht im Inneren des Gebäudes verzaubern.

Der Bau der Wallfahrtskirche im anmutigen Rokokostil dauerte von 1745 bis 1754. Besonders beeindruckend ist die kostbare Innenausstattung mit filigranen Stuckarbeiten und aufwendigen Malereien, wie dem großen Deckenbild. Diese kunstvollen Elemente verleihen der Wieskirche eine einzigartige Atmosphäre und machen sie zu einem faszinierenden kulturellen Erlebnis. Sie ist aber auch ein lebendiger Wallfahrtsort. Das Gnadenbild des Gegeißelten Heilands zieht zahllose Hilfesuchende an. Regelmäßig finden Gottesdienste und Wallfahrten statt (www.wieskirche.de).

MÄRCHENKÖNIG HAUTNAH

Ein idyllisches Tal führt zum Schloss Linderhof, dem kleinsten der drei bayerischen Königsschlösser. Ab dem Jahr 1869 ließ Ludwig II. von Bayern das Forsthaus seines Vaters umbauen und erweitern. Dabei entstand als »Königshäuschen« ein kleines und dabei äußerst prunkvolles Schlösschen mit einer weitläufigen Parkanlage. Besonders beeindruckend ist das opulent gestaltete Schlafzimmer, das mit üppigen Goldornamenten verziert ist und einen faszinierenden Einblick in den königlichen Lebensstil des Märchenkönigs gewährt. Die Besichtigung dieses Schmuckstücks erfolgt im Rahmen von Führungen, die kontinuierlich starten und einen tiefen Blick in vergangene glanzvolle Zeiten ermöglichen. Auch den außergewöhnlichen Park sollte man beim Besuch unbedingt besichtigen. Während der Ferien wird ein besonderes Programm für Familien angeboten. Sehr empfehlenswert sind die regelmäßigen Spezialführungen für Familien (www.schlosslinderhof.de).

Im Schloss Linderhof und dem umliegenden Park gibt es vieles zu sehen.

Wer nicht mit dem eigenen Campingmobil angereist ist, hat verschiedenste Unterkunftsmöglichkeiten.

CAMPING HOFGUT HOPFENBURG 25

★★★½☆

Geeignet für Wohnmobile, Caravans und Zelte, 80 Standplätze, ganzjährig geöffnet
▶ Hopfenburg 12, D-72525 Münsingen

Tel. +49 738193119311
GPS 48.403599, 9.5083333

■ pincamp.de/wb6400

Freiheit pur: »Hier sind ganz viele Kälbchen und Lämmchen. Die sind so niedlich. Gerade habe ich sogar eins gestreichelt«, berichtet Marika voller Aufregung ihren Eltern, die gerade den Wohnwagen auf dem Stellplatz ausrichten. Dann rennt sie wie ein Wirbelwind zurück zu ihren neuen Freundinnen. Die Familie ist gerade angekommen.

Der weitläufige und naturbelassene Campingplatz liegt landschaftlich schön und von Wald und Streuobstwiesen umgeben auf der Schwäbischen Alb oberhalb der Fachwerkstadt Münsingen. Mehrere Terrassen an einem Hang werden durch jüngere Laubbäume und Sträucher gegliedert. Von den Plätzen gibt es herrliche Ausblicke auf den Ort und über die Schwäbische Alb. Besonders die Sonnenuntergänge mit in allen Farben schimmerndem Himmel sind eindrucksvolle Erlebnisse. 80 unparzellierte Plätze stehen für Camper mit Wohnmobil, eigenem Zelt oder Wohnwagen zur Verfügung. Zusätzlich werden Zirkus-, Heide- und Schäferwagen vermietet. In abgegrenzten Bereichen stehen ein Tipi- und ein Jurtendorf sowie Safarizelte. Ein Urlaub in einem echten Tiny House ist ebenfalls möglich. Auch wenn aus Umweltschutzgründen die Blumenwiesen nur selten gemäht werden und auch nur wenige Plätze mit Befestigung zur Verfügung stehen, die modernen Sanitäranlagen sind gepflegt und blitzsauber. Im Hofladen werden regionale Produkte angeboten.

Im Mittelpunkt des Hofguts steht ein kleiner Bauernhof, der sich für den Schutz und den Erhalt vom Aussterben bedrohter Tierrassen einsetzt. Die großen Poitou-Esel Beppo und Robin sind neugierig und freuen sich sehr über ausgiebige Streicheleinheiten. Da sie wegen ihrer empfindlichen Mägen spezielles Futter benötigen, dürfen sie von den Gästen allerdings nicht gefüttert werden. Bei den robusten Hinterwälder-Rindern, die man daneben auf der Weide beobachten kann, handelt es sich um die kleinste mitteleuropäische Rinderrasse. Hier gibt es immer etwas zu sehen, vor allem wenn die Kälbchen geboren werden, die lange bei ihren Müttern bleiben. Dazu kommt eine kleine Herde genügsamer Waldschafe. Sie gehören ebenfalls zu den gefährdeten Haustierrassen und haben ab dem Frühjahr Lämmer. Kinder können tagsüber die Tiere in den Ställen und auf der Weide besuchen und auch die Fütterung begleiten.

Aber nicht nur die Tiere begeistern Familien für das Hofgut. Das Gelände ist in weiten Teilen autofrei. Kinder können sich frei bewegen und finden schnell Anschluss. Dazu gibt es eine große Auswahl an Spielmöglichkeiten und in den Ferien ein abwechslungsreiches Programm. Auf dem ganzen Gelände sind Feuerstellen mit Holz zum Grillen vorbereitet, ideal für Begegnung und gemeinsame Abende mit anderen Campern. Kinderspielplatz, Kletterschnecke und Kletterbäume, Kicker, Trampolin oder Fußballland sorgen für Abwechslung. Die Heu-Spielscheune ist bei Regenwetter ein beliebter Treffpunkt. Hier können kleine Abenteurer nach Lust und Laune ins Heu springen, darin Nester bauen oder Verstecken spielen. Zusätzlich zum Ferienprogramm zum Mitmachen gibt es geführte Eselwanderungen, Kutschfahrten im Zweispänner, Stadtbesichtigungen in Münsingen oder E-Bike-Touren über die Schwäbische Alb.

Das Hofgut Hopfenburg ist ein sehr guter Ausgangspunkt für Rad- und E-Bike-Touren und Ausflüge auf die Schwäbische Alb. Dazu kommen ausgeschilderte Wanderwege. Und auch das angrenzende Naturreservat Beutenlay lädt zu ausgedehnten Spaziergängen ein. Es handelt sich um eine der typischen Weidekuppen der Münsinger Kuppenalb. Hier haben sich eine der in der Region früher verbreiteten Dreifelderwirtschaften und eine intakte Wacholderheide erhalten. Der Rundwanderweg startet direkt am Campingplatz. Münsingen mit Einkaufsmöglichkeiten und Restaurants ist zu Fuß erreichbar. Mit der im Aufenthalt inkludierten Alb-Gästekarte ist der Eintritt in Schwimmbäder, Höhlen und andere Attraktionen in der Region kostenfrei.

Ein Urlaub in einer Jurte ist sicherlich für viele eine ganz neue Erfahrung.

MIT DEM BOOT DURCH DIE WASSERHÖHLE

Unter der Schwäbischen Alb findet sich eine Reihe verschiedener Höhlen. Davon wurde die Wasserhöhle Wimsener Höhle in der Nähe von Zwiefalten als familienfreundliches Ausflugsziel ausgezeichnet.

Das außergewöhnliche Naturdenkmal wird auch nach Kurfürst Friedrich von Württemberg (späterer König Friedrich I.) Friedrichshöhle genannt. Es handelt sich um die einzige befahrbare Wasserhöhle in Deutschland. Mit Boot und Fährmann geht es ins Innere der Erde. Dabei ist man rund zehn Minuten in der Höhle unterwegs und erfährt viel über deren Geschichte. Eine Wanderung durch das Glastal am Hasenbach entlang oder zum Biberbau an der Zwiefalter Aach und die Einkehr im Bio-Gasthof Friedrichshöhle runden den Ausflug ab. An warmen Tagen ist auch der Wasserspielplatz daneben eine beliebte Attraktion. Der Höhlenbesuch ist ab einem Alter von zwei Jahren möglich. Tickets müssen mindestens einen Tag vorher online gebucht werden. AlbCard-Besitzer erhalten freien Eintritt (Wimsener Höhle, www.tressbrueder.de/wimsener-hoehle).

»Der weitläufige und naturbelassene Campingplatz liegt von Wald und Streuobstwiesen umgeben auf der Schwäbischen Alb.«

Der Hasenbach mit Wasserfall bei der Wimsener Höhle

SANFTE RIESEN

Seit 2005 leben wieder Wasserbüffel auf der Schwäbischen Alb. Sie fungieren als wichtige Landschaftspfleger. Die urzeitlichen Büffel wurden durch Willi Wolf wieder in der Region angesiedelt. Im Sommer sind sie in kleinen Herden rund um Hohenstein-Meidelstetten zu sehen. Im Winter halten sie sich im Laufstall am heimatlichen Hof auf. Die Tiere fühlen sich auf der Schwäbischen Alb sehr wohl und sind dem Menschen zugewandt.

An jedem 2. Samstag im Monat findet eine öffentliche Führung statt. Um vorherige Anmeldung wird gebeten. An der Hohensteiner Hofkäserei kann zusätzlich die Büffelmilchherde beobachtet werden. Hier wird auch eine Führung mit anschließender Käseprobe oder Vesper angeboten. Vom täglich geöffneten Hofladen gibt es einen Blick in die Käserei. Das Fleisch und die aus der Milch hergestellten Käse sind von hervorragender Qualität (www.albbueffel.de).

AUSFLÜGE IN DER NÄHE auf einen Blick

(Wellen)	24 km vom CP	Leicht	Tagestour
(Fernglas)	22 km vom CP	Leicht	2–4 Std.
(Ort)	28 km vom CP	Leicht	Tagestour

SPASS UND ABENTEUER SCHON FÜR KLEINE

Mitten auf der Schwäbischen Alb und direkt über der spektakulären Bärenhöhle befindet sich der besonders bei Familien mit kleinen Kindern beliebte Freizeitpark. Liebevoll angelegte thematische Spielplätze und verschiedene Attraktionen wechseln sich ab. Das bedeutet intensives Spielen, Klettern und Hüpfen. Hier haben vor allem Kinder im Grundschul- und Kindergartenalter Spaß. Mit der Eisenbahn geht es um das Zwergenbergwerk. Im Märchenwald mit verschiedenen Stationen und Figuren werden Märchen lebendig. Und die wackelnden Wände im verrückten Waldhaus sorgen für Staunen. Auf Achterbahnen, der Wellenrutsche oder Riesenschaukeln kommt dann schon mehr Tempo auf, Nervenkitzel inklusive. Hoch hinaus über die Baumwipfel geht es mit dem 40 Meter hohen Riesenrad. Die Allerkleinsten genießen den Babyspielplatz oder die Minihüpfburg. Umgeben von Wald und Wiesen bietet der Freizeitpark mit Sitzmöglichkeiten, Picknickwiese, Liegebänken und Grillstellen auch viele Gelegenheiten zum Entspannen und Kräftetanken zwischendurch (www.freizeitpark-traumland.de).

Die Wasserbüffel lassen es sich auf ihrer Weide so richtig gut gehen.

Auf dem Camping Kirnermarteshof fühlen sich große und kleine Urlaubsgäste sofort wohl.

CAMPING KIRNERMARTESHOF 26

★★★½

Geeignet für Wohnmobile, Caravans und Zelte, 42 Standplätze
▶ Vörlinsbach 22, D-79254 Oberried
Tel. +49 76619739000
GPS 47.9302, 7.959
■ pincamp.de/wb1620

Landleben hautnah: »Schau mal, das Kälbchen schläft und hat ganz lange Wimpern«, flüstert Marko leise seiner Schwester zu. Ganz vorsichtig nähern sich die beiden und beobachten den Vierbeiner fasziniert. Auf dem Kirnermarteshof fühlen sich besonders Familien mit kleineren Kindern wohl. Der familiäre Bauernhofcampingplatz liegt im Dreisamtal, oberhalb eines Dorfs. Hier campt man mitten im Schwarzwald. Die Stellplätze für Wohnmobile, Wohnwagen und Zelte befinden sich gegenüber dem Bauernhof auf einem terrassierten Wiesengelände, inmitten von Weiden und Obstbäumen. Es gibt ein neues, modernes und ein älteres Sanitärgebäude. Von den Stellplätzen hat man einen herrlichen Blick auf satte grüne Wiesen und Hügel.

Auf der oberen Terrasse steht man mit dem Camper oder Zelt direkt an der Kuhweide. Hier kann man den ganzen Tag die Tiere und ihr Verhalten beobachten und vielleicht auch neu geborene Kälbchen bei ihren Müttern sehen. Die tiefe Stille im Tal wird nur vom leisen Muhen der Kühe und dem Plätschern des Bachs unterbrochen. Besonders für Kinder ist der Campingplatz ein wahres Paradies. Sie können sich auf dem Gelände und dem Bauernhof frei bewegen und werden in viele der Tätigkeiten miteinbezogen. So hat die ganze Familie die Möglichkeit, das Landleben hautnah zu erleben. Hier gibt es Tiere zum Anfassen: Ponys, Schweine, Ziegen, Kühe und Hasen. Doch nicht nur Beobachten und Streicheln stehen auf dem Programm, sondern vor allem auch das aktive Mithelfen und Mitmachen auf dem Hof. Besonders die Stallzeit ist ein Highlight. Die kleinen Besucher können die Ziegen mit frischem Futter versorgen oder die Kühe von der Weide treiben helfen und sie danach im Stall mit duftendem Heu füttern. Die besondere Atmosphäre im Stall, beim Melken zuschauen oder direkt danach die noch warme frische Milch probieren, das sind unvergessliche Erlebnisse.

Doch es warten noch mehr Abenteuer auf dem Kirnermarteshof. Zweimal in der Woche gibt es Ponyreiten für die Gästekinder. Für strahlende Augen sorgen auch Fahrten auf dem Traktor und Anhänger. Und auf dem neuen Kinderspielplatz direkt neben dem Bach lassen sich beim Klettern, Buddeln und Matschen schnell Freundschaften schließen.

Erwachsene Besucher entspannen gerne im liebevoll gestalteten Wohlfühl- und Saunabereich des Hofs. Ein Highlight ist das angebotene Milch-Honig-Bad. Im Hofstüble und auf der Terrasse mit Blick aufs Tal werden leckere Kleinigkeiten und Spezialitäten angeboten. Ein echter Genuss sind auch die Käsefondue- und Racletteabende. Dazu kommt ein Hofladen mit regionalen Produkten, inklusive hauseigenen Bränden und Likören. Die Eltern dürfen diese einmal in der Woche bei einer ausführlichen Schnapsprobe verkosten.

Und auch sonst wird es nicht langweilig. Einige Wanderwege starten direkt vom Hof. Verschiedene spannende Ziele liegen im Umkreis. Und mit der Konuskarte kann man den Schwarzwald und die Ziele in der Region mit öffentlichen Verkehrs-

Der Spielplatz auf dem Campingplatz bietet viele Möglickeiten, um sich auszutoben.

mitteln entdecken. Darunter sind auch Freiburg oder Titisee/Neustadt. Die Bushaltestelle befindet sich im angrenzenden Ort. Doch Achtung, auf dem Rückweg muss man den Berg wieder hinaufsteigen.

Der Kirnermarteshof ist ein Ort, an dem sich Eltern und Kinder gleichermaßen wohlfühlen können und unvergessliche Erinnerungen schaffen. Ein langes Stromkabel und Taschenlampen sollte man für den Besuch allerdings im Gepäck haben, denn das Gelände ist weitläufig und nachts fast nur von Sternen und Mond beleuchtet.

AUSFLÜGE IN DER NÄHE auf einen Blick

	15 km vom CP	Mittel	2 Std., verschiedene Führungen möglich
	6 km vom CP	Mittel	Halbtages- oder Tagestour

»GLÜCK AUF«

Unter dem Schauinsland, dem Hausberg von Freiburg, wurde über rund 800 Jahre nach Blei, Zink und Silber gesucht. Dieses größte Silberbergwerk in Süddeutschland verhalf der Region und vor allem der Stadt Freiburg zu großem Reichtum.

»Hier campt man umgeben von Weiden und Obstbäumen mitten im Schwarzwald.«

Vom Schauinsland reicht der Blick weit über die Wipfel des Schwarzwalds.

Auf 22 Etagen wurden rund 100 Kilometer Gänge in den Berg gegraben, gehackt und gebohrt. Davon ist ein Teil erschlossen. Das Besucherbergwerk zeigt die Entwicklung des Bergbaus vom Mittelalter bis in die Moderne. Der Eingang befindet sich in der Nähe des Gipfels. Mit einem Bergführer geht es ins Innere des Bergs, wo unter Tage durchgängig 10 °C herrschen.

Für Familien mit jüngeren Kindern sind die rund 45 Minuten dauernden kleinen Führungen geeignet. Diese folgen einem ebenerdigen Rundweg durch die oberste Etage des Bergwerks. Leben und arbeiten in früheren Zeiten stehen immer wieder im Fokus. Auch Maschinen werden gezeigt, wobei es auch lauter werden kann. An manchen Tagen finden Märchenführungen statt, die sich speziell an Kinder wenden. Festes Schuhwerk und eine Jacke werden empfohlen. Die längeren Führungen sind anspruchsvoller. Sie sind ab zwölf Jahren geeignet und sehr eindrucksvoll. Über schmale Leitern geht es in andere Ebenen und durch enge Gänge. Geöffnet ist das Besucherbergwerk zwischen April und Oktober. Vom kostenfreien Parkplatz in der Nähe des Gipfels sind es rund 400 Meter bis zum Eingang des Bergwerks. Auch die Anreise mit öffentlichen Verkehrsmitteln ist möglich (www.schauinsland.de/museums-bergwerk).

Die Kleinen im Streichelzoo sind allerliebst.

TIERE, SPIELEN UND NERVENKITZEL

Der Steinwasenpark im Herzen des Schwarzwalds ist ein Tierpark mit ausgewählten Fahrattraktionen. Viele davon sind kindgerecht und können ab drei oder vier Jahren gemeinsam mit einem Elternteil genutzt werden. Familien verbringen hier einen ereignisreichen Tag. Das Gelände ist liebevoll gestaltet und wurde gekonnt an die Landschaft angepasst. Dabei gilt es auch, einige Höhenmeter zu überwinden, denn der Park liegt in einem Taleinschnitt am Hang. Über 30 Tierarten, auch viele Wildtiere und seltene Arten, leben im Steinwasenpark. Darunter sind Gämsen, Luchse oder Steinböcke. Besonders beliebt bei den kleineren Gästen ist der Streichelzoo mit Ziegen, Ponys und Hasen. Ein Highlight ist auch die Begegnung mit den freundlichen Eseln, die sich frei über das Gelände bewegen. Mit dem Sessellift erreicht man den höchsten Punkt des Parks. Dort befindet sich der Ausgangspunkt der 800 Meter langen Sommerrodelbahnen. Eine davon ist überdacht und so auch bei schlechtem Wetter nutzbar. Nach unten geht es entweder über die Bobbahnen oder an den Tiergehegen vorbei und über eine lange Erlebnishängebrücke durch den Wald. Immer wieder bieten sich dabei herrliche Aussichten auf den Schwarzwald. Neben den zwei Rodelbahnen sorgen eine Minifloßfahrt, eine rasante Wildwasserrundfahrt, eine einen Kilometer lange Coasterbahn mit Kreiseln und Kurven und eine Zugachterbahn für Nervenkitzel. Beliebt sind auch der Indoorspielplatz, der große Abenteuerspielplatz mit Klettermöglichkeiten oder das Puppentheater und die Filmvorführungen. Für den Besuch sollte man sich den ganzen Tag Zeit nehmen, um auch alle Bereiche erleben zu können (www.steinwasen-park.de).

Auf dem Campinghof Salem können sich Kinder gerne frei bewegen.

CAMPINGHOF SALEM 27

★★★★☆

Geeignet für Wohnmobile, Caravans und Zelte, 69 Standplätze
▶ Weildorfer Str. 46, D-88682 Salem

Tel. +49 7553829695
GPS 47.769266, 9.3069333

■ pincamp.de/wb7500

Ländliche Ruhe: Zelt auf und los geht es! Joe und seine Schwester Miri sind ganz aufgeregt, denn sie wollen zu den Tieren. Die Ponys, Esel und Ziegen warten ja schon auf sie. Es ist die zweite Woche der Familie auf dem Campinghof Salem, und die beiden haben schon viele Freunde gefunden. Und jeden Tag noch vor dem Frühstück besuchen sie die Tiere im Streichelzoo. Auch sonst sind sie den ganzen Tag beschäftigt. Der familiäre Campingplatz liegt mitten im Grünen ganz in der Nähe des Bodensees. Die liebliche Landschaft mit Obstplantagen und Wiesen drum herum ist eine alte Kulturregion voller Schätze. Vorteil der Lage: Camper können abseits vom Trubel die ländliche Ruhe genießen und erreichen trotzdem schnell das Ufer des schwäbischen Meers und die dortigen Seebäder, Städte und Sehenswürdigkeiten. So kann man entspannt den Vormittag auf der Liege verbringen und am Nachmittag die beeindruckende Silhouette der Alpen von einem der Ausflugsboote auf dem See genießen oder umgekehrt. Oder vielleicht doch lieber die Ruhe und Atmosphäre auf der großen Wiese genießen und den Ausflug auf den nächsten Tag verschieben? Egal wie die Entscheidung lautet, die Versorgung ist gesichert. Getränke und kleine Snacks bietet der Kiosk mit Biergarten, der auch einen Brötchenservice anbietet.

Hier ist viel Platz für alle. Wohnwagen, Wohnmobile und Zelte stehen auf großzügigen Parzellen oder locker verteilt auf einem teils ebenen, teils leicht geneigten Wiesengelände mit Bäumen und Büschen. Besitzer und Team des Familienbetriebs sind mit viel Herzblut dabei, und das merkt man. Der auf dem Land gelegene, gepflegte Ferienplatz ist deshalb nicht nur bei Familien beliebt, aber gerade die kommen gerne – und gerne immer wieder. Auf dem Campinghof Salem können sich Kinder frei bewegen und finden viel Platz zum Spielen. Auch kleinere Kinder sind sicher, wenn sie sich auf Entdeckungsreise über die Grenzen der eigenen Parzelle begeben. Denn der Verkehr ist eingeschränkt, und die anderen Urlauber haben sie ebenfalls im Blick. Es gibt einen Spielplatz, eine Seilbahn und Fußballtore auf der Wiese. Und damit aktiven Familienmitgliedern bei schlechtem Wetter nicht die Decke im Camper auf den Kopf fällt, steht auch ein Innenspielraum zur Verfügung.

Kleinere Kinder sind vor allem vom Streichelzoo begeistert, wo Ponys, Esel, Ziegen und Hasen auf Besuch warten. Sie dürfen die Tiere füttern und streicheln. Bei kleinen Pferdenarren sorgt das ein- bis zweimal pro Woche angebotene Ponyreiten für strahlende Augen. Aufregend ist es auch, wenn die Kinder die Ponys spazieren führen dürfen. Und wer ein bisschen mehr Landleben erleben möchte, hat auch dazu Gelegenheit. Die Betreiber des Campingplatzes halten Kühe mit Kälbern und Reitpferde. Es gibt Reitkurse und geführte Ausritte. Angehende Minibauern fahren begeistert auf dem Traktor oder Schlepper mit.

Ein weiteres Highlight liegt ganz in der Nähe. Der Schlosssee mit familienfreundlicher Badestelle, Badestrand und Wasserspielplatz ist nur rund zehn Gehminuten entfernt, also ideal für entspannte Stunden voller Sonnenschein und Wasserspaß. Aber auch im direkt neben dem Campingplatz verlaufenden kühlen Bach kann man sich herrlich erfrischen. Zusätzlich gibt es ein spannendes und abwechslungsreiches Sommerprogramm nicht nur für Kinder. Dabei haben Camper jeden Alters Spaß. Fackelwanderungen und gemeinsame Lagerfeuer mit Liedersingen sorgen für unvergessliche Urlaubserinnerungen bei Groß und Klein.

Der Campingplatz ist zusätzlich auch ein sehr guter Ausgangspunkt für die Erkundung der Region rund um den Bodensee. Es gibt sehr schöne Spazierwege in der Umgebung. Rad- und Wandertouren durch Wald, Wiesen und Obstplantagen starten direkt vom Campingplatz. Dazu kommt eine Vielfalt von Ausflugsmöglichkeiten. Viele kann man gut mit dem Fahrrad erreichen. Wer lieber die öffentlichen Verkehrsmittel nutzen will, findet eine Bushaltestelle ganz in der Nähe.

Auf einer großen Wiese gibt es einen Spielplatz, eine Seilbahn und Fußballtore.

AUSFLÜGE IN DER NÄHE auf einen Blick

Blumenpracht mit Schatzsuche	23 km vom CP	Leicht	Tagestour, Fähre von Meersburg oder Uhldingen
	3,5 km vom CP	Leicht	Halbtagestour
	12 km vom CP	Leicht	Halbtages- oder Tagestour

BLUMENPRACHT MIT SCHATZSUCHE

Die Blumeninsel Mainau ist ein Ausflugsziel für Blumenliebhaber, aber auch für die ganze Familie. Ein Besuch ist wie eine Reise durch die Geschichte der Gartenkunst. Auf 20 Hektar finden sich rund um Schloss und Schlosskirche vielfältige Park- und Gartenanlagen voller blühender Blumen. Sie haben ihre Wurzeln in der Mitte des 19. Jahrhunderts bei der Großherzoglich badischen Hofgärtnerei. In Themengärten und Gewächshäusern wächst eine Fülle von exotischen und heimischen Pflanzen. Ein besonderes Highlight für Kinder und Eltern ist das Schmetterlingshaus. Auf dem Mainau-Bauernhof lebt eine Vielfalt von Tieren, darunter auch alte und seltene Haustierrassen. Im dazugehörenden Streichelzoo ist Anfassen erlaubt. Im Kinderland finden sich Spielplatz, Murmel- und Gartenbahn. Doch das ist noch nicht alles. In den Gärten ist der Mainau-Schatz versteckt, der auf Entdeckung wartet. Gemeinsam mit der ganzen Familie geht es bei der Kinderschatzsuche rund eine Stunde auf die Suche. Unterwegs müssen sechs Rätsel gelöst werden. Die Schatzkarte gibt es am Inseleingang auf dem Festland oder am Hafen. Kinder bis zwölf Jahre haben auf der Insel freien Eintritt (www.mainau.de).

Ein Besuch auf der Mainau ist ein herrlicher Tagesausflug: farbenprächtige Blumen, das Schmetterlingshaus, der Streichelzoo …

Das Schloss Salem ist eine imposante Anlage.

IMPOSANTE PRACHT VERGANGENER ZEITEN

Wer auf dem gleichnamigen Campingplatz wohnt, muss natürlich auch hier gewesen sein. Kloster Salem ist eines der imposantesten Zisterzienserklöster in Süddeutschland. Die Anlage besteht aus dem Münster Salem, der drittgrößten gotischen Kirche in Baden-Württemberg, die im Inneren prächtig barock ausgestaltet wurde, sowie beeindruckenden Klostergebäuden. Auch Kinder lassen sich von diesem Ort faszinieren.

Das in ein Schloss umgewandelte Kloster ist ein eindrucksvolles Zeugnis der Wichtigkeit und des Reichtums des Zisterzienserordens, der in der Region am Bodensee den Obst- und Weinbau entwickelte. Nach der Aufhebung des Klosters wurde der Komplex von den Markgrafen von Baden übernommen, die ihn zu ihrem eigenen Domizil machten und dabei den Gebäuden und dem Gelände ihren Stempel aufdrückten. Die prächtige Residenz des Abts diente als Grundlage für das nicht weniger prunkvolle badische Schloss. Im Jahr 1920 gründete das Adelshaus eine Reformschule, die bis heute als Internat besteht.

»Camper können hier abseits vom Trubel die ländliche Ruhe genießen und erreichen trotzdem schnell das Ufer des Bodensees.«

Kloster, Schloss, Museum und Münster sind von Ende Mai bis Ende Oktober für Besichtigungen geöffnet. Mehrmals täglich werden Führungen angeboten, die Einblicke in die faszinierende Geschichte des beeindruckenden Orts ermöglichen. Auch wer nicht an einer Führung teilnehmen will, sollte sich auf jeden Fall die Klosterkirche ansehen (www.salem.de).

SO VIELE TIERE

Auf dem Haustierhof, der auch Bodensee-Zoo genannt wird, ist alles auf Familien und die Begegnung von Kindern mit Tieren eingestellt. Der liebevoll gestaltete Schau-Bauernhof mit vielen Nutztieren ist sehr durchdacht. Ein Rundweg führt durch das großzügige Gelände. Zur großen Vielfalt von Haustierrassen kommen exotische Tiere, auch welche, die man nicht oft zu sehen bekommt. Ein Säckchen mit Futter gibt es an der Kasse. Damit können die Ziegen, Schafe und viele andere Tiere gefüttert werden. Und auch Streicheln ist immer wieder möglich. An den Gehegen finden sich ausführliche Informationen zu jeder Tierart und Angaben, ob gefüttert werden darf oder nicht. Doch das ist noch nicht alles.

Über das ganze Gelände sind kleine Spielplätze oder Spielgeräte als Inseln angelegt, das sorgt für Abwechslung zwischendurch. Dazu gibt es immer wieder schattige Rastplätze und ein Restaurant mit Biergarten. Das Gelände ist barrierefrei zugänglich und auch für Kinderwagen geeignet. Kinder und Eltern haben viel Spaß, überall gibt es etwas zu sehen. So wird der geplante Halbtagesausflug gerne einmal etwas länger (Haustierhof Reutemühle, www.haustierhof-reutemuehle.de).

Die Grillstelle auf dem Campingplatz ist ein beliebter Treffpunkt für alle.

CAMPING AM FERIENHOF KRAMER 28

Geeignet für Wohnmobile, Caravans und Zelte, 45 Standplätze, Anf. Mai–Mitte Sept.
▶ St.-Georg-Str. 8, D-88094 Oberteuringen

Tel. +49 75462446
GPS 47.739351, 9.471941

■ pincamp.de/pin_233894

Viel Platz: »Hier ist es so schön. Ich will nie wieder weg«, erklärt die zehnjährige Lia ihrer Mutter. Sie ist gerade zurück vom Eselfüttern und begeistert vom Grün, der Ruhe und der Natur um sie herum. Der kleine, liebevoll angelegte und gepflegte Campingplatz liegt am Ortsrand des Dorfs Neuhaus und ist nicht weit vom Bodensee entfernt. Hier campt man mitten auf dem Land und ist dennoch gut angebunden. Eine Bushaltestelle und Einkaufsmöglichkeiten befinden sich ganz in der Nähe. Friedrichshafen, Konstanz, Ravensburg, Meersburg, Salem oder die historische Altstadt von Überlingen sind schnell erreicht.

Ein Highlight für die ganze Familie sind die Begegnungen mit den gut gepflegten und geduldigen Tieren des Hofs. Die neugierigen Esel lieben es, von den Kindern gestriegelt und mit Karotten gefüttert zu werden. Auch die freundliche Ziege, Hühner, eine Katze und Hasen sorgen für Begeisterung. Doch das ist nicht alles, was Gäste am Campen auf dem Ferienhof Kramer schätzen. Auf dem Campingplatz ist viel Platz zum Spielen und für jede

	23 km vom CP	Leicht	2–5 Std. Rundweg etwa 1,5 km
	13 km vom CP	Leicht	Tagestour

Menge Abenteuer. Die sehr großzügigen Parzellen und Stellplätze für Camper befinden sich neben dem Anwesen auf einer gepflegten Wiese zwischen Obstbäumen und bieten herrliche Blicke ins Grüne. Dazu kommen ein separater Wohnmobilstellplatz auf Schotteruntergrund und Ferienwohnungen.

Kinder sind den ganzen Tag beschäftigt und können sich frei bewegen. So haben die Eltern die Möglichkeit, die Seele baumeln zu lassen und das Ambiente zu genießen. Die Gäste sind bunt gemischt. Vor allem junge Familien fühlen sich hier wohl. Für jedes Alter finden sich auf dem Campingplatz ansprechende Spielmöglichkeiten, Beschäftigung und jede Menge Gesellschaft. In kleinen und großen Gruppen geht es auf die Spielwiese mit Vogelnestschaukel, auf den Spielplatz mit Kletterturm oder zu einem Match auf den Fußball- oder Beachvolleyballplatz. Zwischendurch locken große Hängematten zwischen den Obstbäumen. Auf einer angelegten Fahrradstrecke üben schon die Kleinsten den Umgang mit dem Zweirad. Manchmal wird sie auch als Bobbycar-Rennstrecke genutzt. In der Spielscheune lässt es sich herrlich zwischen Strohballen und Heu Verstecken spielen, Lager bauen und toben. Zusätzlich steht den Campinggästen ein gemütlicher Gemeinschaftsraum mit Getränkeautomaten und Kühlschränken zur Verfügung. Und vor allem, wenn es warm ist, ist der großzügige und eingezäunte Schwimmteich mit Kleinkinderbereich ein Lieblingsplatz für Groß und Klein. Hier leben Teichhühner und Frösche, die man beim Schwimmen beobachten kann. Auch die klare Rotach fließt am Campingplatz vorbei und lädt zum Planschen und Dammbauen ein.

Müde vom Spielen schlafen alle gerne etwas länger oder genießen danach noch im Schlafanzug die Umgebung. Besonders beliebt sind die Stellplätze in der Nähe des Eselstalls, denn da gibt es immer etwas zu sehen. Dazu kommt die persönliche Betreuung der hilfsbereiten Besitzer, die neben dem Ferienhof Obstbau und eine Schnapsbrennerei betreiben. Einmal in der Woche treffen sich die Gäste zu Stockbrot, gemeinsamem Grillen und zur Begegnung.

Der Campingplatz ist auch idealer Ausgangspunkt für Wanderungen und Fahrradtouren. Kein Wunder, dass viele Camper wiederkommen. Wer sich auskennt, bringt die Karotten für die Esel schon mit. Hunde sind allerdings nicht gestattet.

»Mit herrlichem Blick ins Grüne und nicht weit vom Bodensee entfernt«

Die Esel auf dem Ferienhof Kramer freuen sich über jeden Besuch.

TIERISCH, TIERISCH

Der Affenberg Salem verbindet Artenschutz und Freizeitgestaltung. 200 Berberaffen leben auf einem großzügigen bewaldeten Gelände wie in freier Wildbahn. Sie können von einem rund 1,5 Kilometer langen Rundweg beobachtet werden. Dabei geht es auch durch ein Affenfreigehege. Zusätzlich gibt es hier eine Herde Damwild und die größte Storchenkolonie in Süddeutschland. Ab dem Frühjahr sind auf dem Affenberg kleine Affenbabys zu sehen. Schon fast 50 Jahre sind die possierlichen Tiere in Baden-Württemberg ansässig. Sie finden hier fast die gleichen klimatischen und landschaftlichen Bedingungen wie in ihrem natürlichen Lebensraum in Marokko. Auch das Verhalten der Tiere wird in Salem wissenschaftlich untersucht. In freier Wildbahn sind die Populationen vom Aussterben bedroht. Bei moderierten Fütterungen, die mehrfach am Tag stattfinden, erfahren große und kleine Besucher spannende Fakten zu den im Park lebenden Tieren und kommen diesen ganz nahe.

Besonders gut kann man die Affen auch vom 250 Meter langen Baumwipfelpfad beobachten. Auf zwölf Metern Höhe führt dieser durch die Wipfel der hier wachsenden Buchen. Für Kinder ist der Zugang allerdings erst ab sechs Jahren und in Begleitung eines Erwachsenen möglich. Auf dem neuen Abenteuerspielplatz vergeht danach die Zeit wie im Flug. Den gelungenen Abschluss eines aufregenden Tags bildet ein Besuch im Biergarten, Museum und Laden (www.affenberg-salem.de).

Auf dem Affenberg Salem lassen sich jedes Jahr zahlreiche Störche nieder.

Die Berberaffen auf dem Affenberg Salem kommen den Menschen ganz nahe.

SPIELEN UND ERLEBEN

Mitmachen und gemeinsame Erlebnisse von Kindern und Eltern stehen beim Besuch im Ravensburger Spieleland im Mittelpunkt.

Acht Themenwelten mit 70 Attraktionen haben vor allem Familien mit Kindern bis zwölf Jahre im Fokus. Überall gibt es etwas zu tun und viele schön gestaltete Spielplätze. Dabei können die Kinder je nach Alter viele Abenteuer unbesorgt allein bestehen. Andere sind bewusst für das gemeinsame Erleben mit den Eltern gestaltet.

In der Grünen Oase und der John-Deere-Agrar-Erlebniswelt stehen Abenteuer auf dem Bauernhof und das Landleben im Mittelpunkt. Schon die Kleinsten haben an der Traktorfahrt Freude. In den Brio-Spielwelten wird gebaggert oder der Spielzug erobert. Ein Hit ist auch das Goldwaschen, bei dem kleine Schatzsucher »echte« Goldnuggets mitnehmen können. Die Wasserrutsche sorgt für Nervenkitzel. An heißen Tagen sind auch der Duschtunnel oder Wasserhüpfer in der Spielewelt Anziehungspunkte.

Zu festen Zeiten begegnen große und kleine Besucher Käpt'n Blaubär. Und auch der beliebte Hase Lotti Karotti ist täglich vor Ort.

Wer sich so gar nicht von den Attraktionen des Freizeitparks trennen will, kann auch ganz nah beim Spieleland schlafen. In der Nähe gibt es einen Wohnmobilstellplatz. Und während der Sommersaison kann man mit dem Zelt sogar auf dem Zeltplatz des Feriendorfs übernachten (www.spieleland.de).

Frühstück mit Blick auf das Wasser: Das ist wahres Camperglück.

CAMPINGPLATZ BUCHSEEHOF 29

Geeignet für Wohnmobile, Caravans und Zelte

▶ Buchsee 1,
D-88273 Fronreute

Tel. +49 7502912198
GPS 47.88025, 9.571316

■ pincamp.de/pin_233853

Direkt am See: Hier erlebt man beim Camping auf dem Bauernhof herrliche Ferien voller Abenteuer. Mitten in der Blitzenreuter Seenplatte in Oberschwaben, der hügeligen Landschaft zwischen Bodensee, Donau und Iller, liegt der Campingplatz Buchseehof. Wiesen, Flüsse, Bäche und große Wälder prägen das Umland und natürlich kleine und große Seen. Der Hof grenzt direkt an einen naturbelassenen Moorsee, der sich auch sehr gut zum Baden eignet. Dieser hat dem Anwesen auch den Namen gegeben. Die nächste größere Stadt ist Ravensburg.

Zelte, Wohnwagen und Wohnmobile stehen idyllisch auf der gepflegten Obstwiese direkt am See. Es herrscht freie Platzwahl. So findet jeder Camper seinen Lieblingsplatz. Auch größere Gruppen können hier unterkommen. Besonders zauberhaft ist es am frühen Morgen, den über dem Wasser aufsteigenden Nebel zu beobachten und dem Bauernhof und Campingplatz nach und nach beim Aufwachen zuzuschauen. Am Abend färbt sich der Himmel darüber in leuchtenden Farben. Ein herrlicher Anblick, den man vor dem Camper oder vom Steg aus besonders gut genießen kann. Das sind magische Momente des

Innehaltens voller Ruhe. Hier erlebt man pures Landleben. Der Buchseehof ist ein landwirtschaftlicher Vollerwerbsbetrieb mit Nutztieren und Streicheltieren. Die robusten und ausgeglichenen Angus-Weiderinder sind von Frühling bis Herbst auf der Weide, und auch die niedlichen Kälbchen sind dabei. Es ist immer wieder spannend, ihnen beim Schlafen, Trinken oder Springen zuzuschauen. Und man kann sie auch streicheln, wenn sie in ihrem Gehege sind. Andere Kühe und Rinder werden im Stall versorgt. Dazu kommen die kindersicheren Fjordpferde Dina und Kasimir, mehrere Ponys, viele Katzen, flauschige Kaninchen, neugierige Ziegen und zahme Hühner.

Überhaupt wird Kinderfreundlichkeit auf dem Buchseehof großgeschrieben. Vor allem die Landwirtschaft steht dabei im Mittelpunkt. Gäste sind eingeladen, bei der Arbeit auf dem Hof mitzuhelfen. Besonders viel Spaß macht dies bei der Heu- oder Apfelernte. Betriebsleiter Günter ist anerkannter Bauernhofpädagoge. Auf dem Schulbauernhof und Lernort Bauernhof, den er mit der Familie bewirtschaftet, setzt sich das Team für die Vermittlung von Wissen über Landwirtschaft, Tiere und die Herkunft von Lebensmitteln ein. Ponyreiten, Treckerfahren und Tierefüttern sorgen für unvergessliche Erinnerungen.

So ist der Campingplatz besonders beliebt bei Familien. Kinder haben viel Platz zum Spielen und treffen sich mit den neu gefundenen Spielkameraden auf dem Abenteuerspielplatz oder bei den Tieren. Abends kommen Camper gerne an einem der Lagerfeuer an den vorbereiteten Feuerstellen am See zum Grillen und Erzählen zusammen. Das dafür benötigte Holz kann im Wald des Hofs gesammelt oder vom Bauern gekauft werden. Der Hofladen bietet eigene und regionale Produkte an. Darunter sind Grillfleisch und Würste, Milch, Butter, Käse, Nudeln und Eier.

In der schönen Umgebung des Buchseehofs bietet eine Vielzahl von Rad- und Wanderwegen Möglichkeiten zur Entspannung und um die Region kennenzulernen. Ganz in der Nähe gibt es mehrere Naturerlebnispfade, die speziell für Familien ausgerüstet sind. Wer will, kann nach vorheriger Absprache auch sein eigenes Pferd in den Urlaub mitnehmen. Unterbringung auf der Koppel oder im Offenstall stehen zur Auswahl.

»Kinderfreundlichkeit wird hier großgeschrieben: Ponyreiten, Treckerfahren und Tierefüttern sorgen für unvergessliche Erinnerungen.«

Schwäne und Enten fühlen sich auf dem See genauso wohl wie die Gäste am Ufer.

AUSFLÜGE IN DER NÄHE auf einen Blick

	25 km vom CP	Leicht	3–5 Std.
	28 km vom CP	Leicht	Halbtages- oder Tagestour

LANDLEBEN FRÜHER

Im Bauernhausmuseum Wolfegg begegnen Besucher lebendiger und anschaulich erklärter Geschichte. 28 historische Wohn- und Wirtschaftsgebäude lassen das frühere Leben auf dem Land in Oberschwaben und dem westlichen Allgäu lebendig werden. Sie wurden mit viel Liebe zum Detail auf dem weitläufigen Gelände an die Landschaft angepasst wieder aufgebaut und original eingerichtet. Ein auch mit dem Kinderwagen zu bewältigender Rundweg führt von Hof zu Hof. Digitale Erzählungen der ehemaligen Bewohnerinnen und Bewohner der Höfe veranschaulichen den Alltag der Bauern und ihr tägliches Leben. Reich bepflanzte Bauerngärten, Heuwiesen, Viehweiden, Äcker und auf dem Gelände lebende Hühner, Gänse, Landschafe und Schweine runden das Erlebnis ab. Auf den Weiden steht originales Allgäuer Braunvieh. Die regionale Kulturlandschaft steht auf dem Entdeckerpfad mit interaktiven Mitmachstationen im Fokus.

An den Wochenenden finden verschiedene Veranstaltungen wie Bauernmärkte oder ein Eseltag statt. Viele der angebotenen Mitmachaktionen wenden sich an Kinder und Familien. Anregungen und Informationen bieten auch der eigene Kinderführer mit Mitmachheft und die kostenlose Museums-App. In den Ferien gibt es ein spezielles Kinderprogramm. Der neue Bauernhof-Erlebnisspielplatz bietet zusätzlich Spiel und Spaß rund um Landwirtschaft. Vormittags und um die Mittagszeit gibt es an Sonn- und Feiertagen kostenfreie öffentliche Führungen (www.bauernhaus-museum.de).

Im Federseemuseum gibt es für große und kleine Besucher vieles zu sehen.

FENSTER IN DIE VERGANGENHEIT

Über 20 Dörfer aus der Jungsteinzeit, Bronzezeit und Eisenzeit wurden bisher rund um den Federsee entdeckt. Vier davon sind als UNESCO-Welterbestätten ausgezeichnet. Das informative Federseemuseum in Bad Buchau beschreibt mit viel Liebe zum Detail das Leben am und um den Federsee über 15 000 Jahre, von der Altsteinzeit bis zur Eisenzeit. Unter anderem stehen die Pfahlbauer und die Entwicklung des Hausbaus im Fokus.

Die ersten Dörfer am Federsee entstanden in der Steinzeit vor 4000 Jahren. Erstaunlich sind auch die reichen wirtschaftlichen und kulturellen Beziehungen der damaligen Bewohner. Unter anderem führte hier ein wichtiger Handelsweg zwischen Rhein und Donau vorbei. Durch die hervorragenden Bedingungen der feuchten Moorlandschaft sind auch organische Fundstücke erhalten. Darunter sind viele Wagenräder, erstaunliche Importe, Boote, seltene Kultgegenstände oder die ältesten europäischen Textilien.

Erzählte Geschichten, Videos und Objekte zum Anfassen erwecken die Epoche, als die Menschen in Deutschland sesshaft wurden, zum Leben. Mit zum Museum gehört ein großer Außenbereich mit authentischen Rekonstruktionen zur Siedlungsgeschichte und Nachbauten der Federseesiedlungen. Darunter sind auch ein altsteinzeitlicher Rentierjägerlagerplatz und eine Fischfanganlage der frühen Kelten. An den Wochenenden machen Fahrten im Einbaum, Speerschleudern, Stockbrotgrillen und Einführungen in die Erzeugung von Feuer die Geschichte greifbar. Weitere Informationen bieten öffentliche Führungen und Audioguides.

Der Medienguide für Kinder beinhaltet eine Entdeckertour und eine Zeitreise im Freigelände, bei der das Steinzeitmädchen Ranu im Mittelpunkt steht. Ein weiteres Angebot ist der »Family Activity Trail«, bei dem Familien verschiedene Forschungsmethoden ausprobieren können und so die Stein- und Bronzezeit besser kennenlernen.

Der Besuch in der Vergangenheit wird durch den Federseesteg und zwei archäologische Moorlehrpfade abgerundet. Dabei geht es über Pfade und Holzstege durch das Moor und über den See und an den wichtigsten Fundstellen vorbei. Sinnvolle Ergänzung des Ausflugs zum Federseemoor ist auch eine Wanderung auf dem nahe gelegenen Naturerlebnispfad im Wackelwald. Beeinflusst durch Sumpf und Moor bewegt sich der Boden unter den Füßen, und so können Besucher die hier wachsenden Bäume durch Hüpfen in Schwingung versetzen (www.federseemuseum.de).

Im Außenbereich des Museums stehen Nachbauten der Federseesiedlungen.

SCHWEIZ UND ÖSTERREICH

VON WIESEN UMGEBEN LIEGT DER MILLSTÄDTER SEE IM SONNENVERWÖHNTEN KÄRNTEN.

CAMPINGPLÄTZE IN DER SCHWEIZ UND IN ÖSTERREICH

WEITERE TOLLE PLÄTZE AUF PINCAMP.DE!

SCHWEIZ
Atemberaubende Aussichten und abwechslungsreiche Familienausflüge

30 Camping Manser → S. 143

31 Erlebnisbauernhof & Camping Gerbe → S. 147

32 Ferienhof Rüti → S. 151

Zeichenerklärungen für die Ausflüge → S. 188

ÖSTERREICH

Abenteuer für Groß und Klein
auf Bergen, in Tälern und an Seen

33 Alpencamping Mark → S. 156

34 Camping Michelnhof → S. 160

35 Pürcherhof → S. 164

36 Biobauernhof Unteregg → S. 168

37 Oberhasenberghof → S. 172

38 Habererhof → S. 176

39 Prefelnig Hof → S. 179

40 Camping am Bauernhof (St. Georgen im Gailtal) → S. 182

SCHWEIZ

Ob auf der Schweizer Seite des Bodensees, hoch über dem Vierwaldstättersee oder inmitten von weiten Feldern, Wiesen und hohen Bergen in der Zentralschweiz: Einzigartige Panoramablicke auf diese Bilderbuchlandschaften sind bei einem Familienurlaub in der Schweiz garantiert. Und auch sonst haben die Eidgenossen viel zu bieten, damit die Urlaubserlebnisse in der Natur, in geheimnisvollen Höhlen und zwischen den Tieren auf den Bauernhöfen lange unvergesslich sind.

DAS SAFTIGE GRAS AUF DEN ALMWIESEN SCHMECKT DEN SCHWEIZER KÜHEN BESONDERS GUT.

Die kleinen Campinggäste helfen bei der Apfelernte begeistert mit.

30 CAMPING MANSER

Geeignet für Wohnmobile, Caravans und Zelte, 30 Standplätze
▶ Täschliberg, CH-9315 Winden

Tel. +41 714772291
GPS 47.510661, 9.361683

■ pincamp.de/pin_230983

Bauernleben hautnah: Ein Campingurlaub auf dem Manserhof verspricht Erholung und einzigartige Erlebnisse für die ganze Familie. Die Nähe zum Bodensee und die idyllische Lage in einer wunderschönen Naturkulisse machen den Ort zu einem perfekten Ziel für Camper jeden Alters. Es ist ein Campingurlaub auf dem Bauernhof mitten in der Natur. Besonders Familien fühlen sich hier sehr wohl. Auf dem Produktionsbetrieb mit Obstbau, Mostgewinnung und Mutterkuhhaltung leben und arbeiten drei Generationen. Und auch Gäste können das authentische Bauernleben hautnah kennenlernen. Besonders schön ist es hier im Frühling, wenn die Obstbäume in voller Blüte stehen.

Morgens werden Eltern und Kinder von den sanften Klängen der Kuhglocken geweckt. Und noch vor dem Frühstück beginnt der Tag so: tief einatmen, innehalten und die Ruhe und die frische Landluft bewusst genießen. Dabei erleben die Campinggäste einen aktiven Bauernhof mit vielen Tieren. Neben dem freundlichen Hofhund wohnen hier Katzen, Kaninchen, Enten, ein Pony und Hühner. Es ist ein buntes Potpourri an tierischen Bewohnern mit verschiedenen Charakteren, vor allem für Familien mit Kindern eine wahre Freude. Auf den Weiden um den Hof herum grasen

AUSFLÜGE IN DER NÄHE auf einen Blick

	33 km vom CP	Leicht	Tagestour, Pfadlänge 500 m
	50 km vom CP	Leicht	2–3 Std.

Pferde. Die robusten schwarzen Angusrinder werden täglich zum Fressen auf die satten Wiesen getrieben und haben dabei auch ihre Kälber dabei, die lange bei ihren Müttern bleiben. Melken und Füttern gehören ebenfalls zur täglichen Routine und ermöglichen den Gästen einen Blick hinter die Kulissen des landwirtschaftlichen Betriebs.

Ein Höhepunkt des Aufenthalts, insbesondere für die jungen Gäste, sind die täglichen Kleintierfütterungen am Morgen. Dabei begleiten die Kinder die Bäuerin von Gehege zu Gehege und werden aktiv miteinbezogen. Klein und Groß packen voller Begeisterung mit an und verteilen Grünfutter, Heu und Körner. Der Treffpunkt ist der Hofplatz vor den lebhaften Kaninchen. Während die Kinder voller Neugierde und Freude die Bäuerin bei der Fütterung unterstützen, gibt es auch Gelegenheiten für liebevolle Streicheleinheiten. Die flauschigen Kaninchen sind besonders zutraulich. Beliebte Treffpunkte sind auch das große, in den Boden eingelassene Trampolin

Auf dem großen Wiesengelände von Camping Manser können die Kinder ungestört spielen.

»Gäste können das authentische Bauernleben hautnah kennenlernen.«

und der Spielplatz unter einem mächtigen Baum. Eine Sammlung von Bobbycars, Trettraktoren und anderen Fahrzeugen sorgt zusätzlich für Abwechslung.

Camper mit Wohnwagen, Wohnmobil oder Zelt haben freie Platzwahl auf einer großzügigen Wiese mit vielen Bäumen, inklusive weiten Blicken bis zum Bodensee. Dazu gibt es einige befestigte Plätze für Wohnmobile. Die Autos bleiben auf dem Parkplatz vor dem Campingplatz stehen, was mehr Ruhe und Sicherheit für die spielenden Kinder bedeutet. Bei Bedarf werden die Wohnwagen mit dem Trecker an die richtige Stelle rangiert.

Im gut sortierten Hofladen finden Camper frisches Gemüse, Obst, Milchprodukte, eigenes Fleisch, Eier, selbst gebackenes Brot und Getränke. Darunter ist auch der selbst gemachte Apfelsaft. In der hofeigenen Mosterei werden Äpfel, Birnen, Trauben und Quitten verarbeitet. Der Tagesabschluss sind gemütliche Stunden auf dem Campingplatz, vielleicht sogar mit einem Lagerfeuer unter dem funkelnden Sternenhimmel. Die liebevoll angelegte Grillstelle mit

Der Baumwipfelpfad in Mogelsberg bietet eine herrliche Aussicht auf das Neckertal.

Sitzplätzen ist dafür beliebter Treffpunkt. Das benötigte Holz kann auf dem Hof gekauft werden. Für schlechtes Wetter steht ein eingerichteter Aufenthaltsraum mit Küche und verschiedenen Spielsachen zur Verfügung.

Und auch sonst kommt keine Langeweile auf. Die Region rund um den Campingplatz eignet sich hervorragend für Fahrradtouren und Wanderungen, die direkt vom Hof aus starten. Besonders beliebt ist die gut ausgeschilderte Rhein-Route am Ufer des Bodensees entlang. Hier ist man etwas abseits der üblichen Touristenströme. Dennoch ist der nächste Bahnhof in nur 10 bis 15 Minuten zu Fuß erreicht. Arbon mit der historischen Altstadt oder St. Gallen sind lohnende Ziele für einen Tagesausflug. Mit tierischen Begegnungen und spannenden Einblicken in die landwirtschaftliche Arbeit – auf dem Manserhof gibt es für Campinggäste aller Altersgruppen viel zu entdecken. Damit verbunden sind unvergessliche Momente und Erinnerungen.

HOCH HINAUS

Im Kanton St. Gallen finden Familien ein sehr beliebtes Ausflugsziel. Auf dem ersten Baumwipfelpfad der Schweiz können Besucher mitten in den Baumkronen spazieren gehen und so die Natur aus einer anderen Perspektive erleben. Immer wieder bieten sich dabei herrliche Ausblicke auf das Neckertal.

Der sehr schön gelegene, geschwungene Baumwipfelpfad ist 500 Meter lang und wurde in der Höhe zwischen vier und 15 Metern gebaut. Er besteht fast vollständig aus Holz und wurde ideal an die Landschaft angepasst. Die Bauweise ist filigran und mit viel Liebe zum Detail ausgeführt.

Die Topografie des Geländes ermöglicht ungewöhnliche Perspektiven. Höhepunkt auf dem Baumwipfelpfad ist die Aussichtsplattform in 55 Metern Höhe. Von oben bietet sich ein außergewöhnlicher Blick auf die Baumkronen und das Umland. Auch ein Walderlebnisweg gehört zur Attraktion dazu. Unterwegs gibt es dort an interaktiven Lern- und Erlebnisstationen viele Informationen zu Tieren und Pflanzen der Region. Hier kann man nach Geräuschen im Wald horchen oder die Welt der heimischen Tiere erforschen. Und auch an mehreren liebevoll gestalteten Kugelbahnen, die zum Spielen und Ausprobieren einladen, kommt man vorbei und kann das Vergnügen in luftiger Höhe noch ein wenig länger genießen.

Zusätzlich bietet der dazugehörende große Spielplatz im Wald mit Seilbahn und Balanciermöglichkeiten jede Menge Spaß und Abwechslung. Mehrere Grillplätze (Grillgut und Holz gibt es zu kaufen), Einkehrmöglichkeiten und ein Naturweiher runden das Erlebnis ab. Der Baumwipfelpfad ist barrierefrei. Vom Parkplatz dauert der Aufstieg rund 20 Minuten. Alternativ kann ein Shuttleservice genutzt werden. Hunde sind nicht gestattet (www.baumwipfelpfad.ch)

Die kleinen und großen Kalzitkristalle in der Kristallhöhle Kobelwald werden eindrucksvoll beleuchtet.

UNTERIRDISCHE SCHÄTZE

Tropfsteine sucht man hier vergeblich. Das Besondere sind die in den Höhlenwänden vorkommenden kleinen und großen Kristalle. Mit einem Führer geht es in kleinen Gruppen durch die Höhle. Am Höhlenbach entlang erreicht man die erste Halle mit dem größten Kalzitvorkommen. Ein Teil der Wände ist mit Kalzitkristallen in Weiß oder Grau überzogen. Diese glänzen im Licht der Beleuchtung.

Mittels eines Stegs geht es mit der Gruppe über einen kleinen Höhlensee. Hier sind herrliche Lichtspiegelungen zu bewundern. Doch es gibt noch mehr zu sehen. Nach einem kurzen Weg ist die Kalzitkluft erreicht. Hier hat Lehm große Kristalle geschützt. Diese sind sehr gut erhalten. Danach wird ein kleiner Wasserfall erreicht, der durch die Höhle rauscht. An einer großen Spalte mit großen Kristallen aus Kalzit endet der ausgebaute Weg.

Die Kristallhöhle Kobelwald gehört zu den bedeutendsten Fundstellen für Mineralien der Schweiz und ist bereits mehrere Jahrhunderte bekannt. Seit 1935 dient sie als Schauhöhle. Damals wurde eine elektrische Beleuchtung installiert. 128 Meter sind von den kleinen und großen Besuchern im Rahmen von Führungen begehbar. An manchen Stellen geht es allerdings ziemlich eng zu, und auch der Kopf muss eingezogen werden. Besonders für Kinder und kleine Schatzsucher ist der Besuch interessant.

Von drei verschiedenen Parkplätzen erreicht man den Höhleneingang nach zehn bis 30 Minuten. Dabei geht es steil den Berg hinauf. Vor dem Eingang befinden sich ein kleiner Kiosk mit einer überdachten Terrasse und ein Shop mit Steinverkauf. Für den Höhlenbesuch werden gutes Schuhwerk und eine Jacke empfohlen (Kristallhöhle Kobelwald, www.kristallhoehle.ch).

Auf dem Erlebnisbauernhof & Camping Gerbe genießt jeder Gast auf seinem Stellplatz den Bergblick.

31 ERLEBNISBAUERNHOF & CAMPING GERBE

★★★☆☆

Geeignet für Wohnmobile, Caravans und Zelte,
60 Standplätze,
Anf. März–Ende Okt.
▶ Gerbe 1,
CH-6344 Meierskappel

Tel. +41 417904534
GPS 47.121131, 8.446665

■ pincamp.de/zs1600

Zwischen Bergen und Wäldern: »Papa, beeil dich, es geht gleich los, und ich will heute dem Pony die Karotten geben. Und die Ziegen warten auch schon auf mich«, zieht Tobias seinen Vater an der Hand in Richtung Bauernhof, wo gleich die Fütterung der Kleintiere beginnt.

Der Campingplatz auf dem ökologisch geführten Erlebnisbauernhof mit vielen Tieren liegt idyllisch zwischen Zuger- und Vierwaldstättersee. Er ist von weiten Feldern, Wiesen und den hohen Bergen der Zentralschweiz umgeben. Das ebene und leicht am Hang gelegene Wiesengelände wird durch Laub- und Nadelbäume aufgelockert. Für Wohnmobile, Zelte und Wohnwagen gibt es 60 unterschiedlich geschnittene Parzellen. Große und schwere Fahrzeuge stehen auf speziell befestigten Stellplätzen. Hier sind Camper mitten in der Natur und genießen herrliche Blicke in die grüne Umgebung und die Berglandschaft. Dabei ist der liebevoll betriebene Campingplatz nur fünf Minuten von der Autobahnausfahrt Küssnacht am Rigi entfernt. Der Zugersee wird nach einer 30-minütigen Wanderung über einen Waldweg erreicht. Ein beliebter

Rundwanderweg durch naturbelassenen Wald führt um die Halbinsel Chiemen mit schönen Grill- und Bademöglichkeiten herum. Immer wieder bieten sich dabei herrliche Blicke auf den Zugerberg, Fronalpstock und Rigi.

Am Morgen weckt das Muhen der Kühe die Gäste. Auf dem Hof werden Tiere der robusten Rasse Luing gezüchtet, die aus Schottland stammt.

»Hier sind Camper mitten in der Natur und genießen herrliche Blicke in die grüne Umgebung und die Berglandschaft.«

Die kleinen Zwergziegen freuen sich über jede Streicheleinheit.

Auf den weitläufigen Weiden um den Hof grasen tagsüber die Mutterkühe mit ihren Kälbchen. Kleine und große Camper können die Tiere bei den morgendlichen Fütterungen hautnah erleben. Sie bekommen auf dem Hof erzeugtes Gras, Heu und Grassilage. Dazu werden Obstplantagen bewirtschaftet. Im Streichelzoo freuen sich Zwergziegen, Schafe, Kaninchen, Hühner und die Kunekune-Schweine Jeanny und Udo mit ihren Ferkeln über Aufmerksamkeit. Bei den Zwergziegen, Hasen und Schweinen dürfen Kinder sogar ins Gehege hinein und den Tieren ganz nahe sein, denn Streicheln ist hier erlaubt. Und auch das Pony und die Pferde Wasabi und Babylon lieben Besuch und Streicheleinheiten. Die Bauern sind als Mitglieder bei Mutterkuh Schweiz an einem besonderen Projekt beteiligt. Dabei lösen Kinder und Eltern auf dem Erlebnisweg »Lea und Ben bei den Mutterkühen« verschiedene Aufgaben und erfahren spielerisch mehr über Kühe, deren Futter und die Milchwirtschaft. Das richtige Verhalten auf Kuhweiden wird ebenfalls erklärt.

Auch auf dem großen Spielplatz auf dem Campingplatz mit schattigem Sandkasten kommt keine Langeweile auf. Im Sommer stehen den Gästen zusätzlich ein Schwimmbecken und ein Planschbecken zur Verfügung. Im Hofladen werden eigene Produkte angeboten. Das qualitätsvolle Rindfleisch und saisonale Früchte, Konfitüren, Chutneys und Edelbrände schmecken köstlich. Probieren kann man diese auch im eigenen Restaurant mit großer Terrasse. Und auch die Umgebung hat Familien einiges zu bieten. Eine Bushaltestelle in der Nähe bietet den Anschluss an öffentliche Verkehrsmittel. Es gibt attraktive Möglichkeiten zum Kanufahren sowie spannende Wander- und Radtouren. Und auch Luzern ist nicht weit weg.

FAHREN ODER FLIEGEN?

Im Zentrum des außergewöhnlichen Museums, Verkehrshaus der Schweiz, stehen 7000 Jahre Mobilität. Simulatoren, Filme, Themeninseln und originale Objekte drehen sich um Schiff-, Luft- und Raumfahrt sowie Schienen- und Straßenverkehr. Dazu kommen die Themenwelten Seilbahn und Tourismus. Fahrzeuge und deren Entwicklung und Herstellung werden ausführlich dargestellt. Große und kleine Besucher lernen dabei spielerisch Fakten und Technologien rund ums Fahren und Fliegen. In der Sammlung ist eine große Anzahl historischer und aktueller Fahrzeuge zu sehen. Eine große Sammlung des Schweizer Automobilherstellers Monteverdi ist ebenfalls ausgestellt. Besucher erleben bei einem Crashtest bei 10 km/h Geschwindigkeit die bereits dabei wirkenden Kräfte. Beeindruckend sind auch die ausgestellten Lokomotiven und Bahnwagen. Darunter sind außergewöhnliche und sehr alte Modelle wie die allererste Lokomotive der ersten Zahnradbahn in Europa, »Rigi 7«. Mehrfach in

Im Verkehrshaus der Schweiz gibt es viele alte Verkehrsmittel zu bestaunen.

AUSFLÜGE IN DER NÄHE auf einen Blick

	13 km vom CP	Mittel	4–6 Std.
	15 km vom CP	Leicht	3 Std.

der Woche starten in der Schienenhalle bei der Brünig-Dampflok öffentliche Führungen mit echten Lokführern, die Wissen vermitteln und spannende Geschichten aus ihrem Alltag erzählen. Für Kinder gehört auch eine Fahrt in der Gartenbahn zu den Höhepunkten. In der Seilbahnausstellung erfahren große und kleine Besucher mehr über die erste handbetriebene Transportbahn und den ersten Skilift. Originalschiffe, U-Boote und riesige Motoren sind ebenfalls zu sehen. Mit einem Tagespass können zusätzlich die anderen Attraktionen der Anlage besucht werden. Kinder bis sechs Jahre bezahlen keinen Eintritt (www.verkehrshaus.ch).

Im Gletschergarten in Luzern erhält der Besucher einen tiefen Einblick in die Erdgeschichte.

SPANNENDE ERDGESCHICHTE UND MEHR

Der Gletschergarten in Luzern ist ein faszinierender Ort mit geologischen Formationen und Gletschermühlen. Das interessante Freilichtmuseum ist modern gestaltet. Der Ursprung war vor 150 Jahren der Bau eines Weinkellers in einem ehemaligen Steinbruch. Dabei wurden mächtige Gletschertöpfe aus der letzten Eiszeit vor 20 000 Jahren gefunden, als die Region unter einer dicken Eisschicht lag. Der größte ist 9,5 Meter tief. Auch sonst hat der Gletscher auf dem Gelände tiefe Spuren und Findlinge hinterlassen.

Ein weiteres Highlight ist die neue unterirdische Felsenwelt, eine Zeitreise durch das Innere der Erde. Diese dokumentiert die Geschichte des Luzerner Sandsteins. Auf einem Rundweg wird die Entwicklung ab der Entstehung im Urmeer erklärt. Dazu kommt ein Alpengarten mit über 4000 Pflanzen im Stil eines historischen Landschaftsgartens. Unter den außergewöhnlichen Pflanzen sind sehr verschiedene Sträucher und Bäume, dazu gehören Mammutbaum, Gingko, Farne und Weiden. Über einen schmalen Pfad steigt man bis zu einem Panoramablick hinauf.

Das Museum im Schweizerhaus ist das ehemalige Haus der Gründerfamilie. Im neuen Sandsteinpavillon läuft ein Film über den Gletschergarten und die Klima-, Erd- und Tourismusgeschichte der Zentralschweiz. Außergewöhnlichste Attraktion ist das Spiegellabyrinth, ein Saal aus 51 Spiegeln, der dem Palast Alhambra aus Granada in Andalusien nachempfunden wurde. Das Labyrinth war für die Landesausstellung in Genf am Ende des 19. Jahrhunderts geschaffen worden.

Für Familien wird das Suchspiel »Lily & Börni« angeboten, bei dem der Gletschergarten spielerisch entdeckt wird. Die Wege sind jedoch nicht geeignet für Kinderwagen (www.gletschergarten.ch).

Der Blick vom Ferienhof Rüti auf den Vierwaldstättersee und die umliegende Bergwelt ist atemberaubend.

32 FERIENHOF RÜTI

Mitten im Grünen: »So viele Tiere leben hier. Hast du die Hühner gesehen? Die haben so weiche Federn. Und die Alpakas haben mich ganz neugierig angeschaut. Es soll sogar eine Schildkröte geben, die auf dem Campingplatz spazieren geht, hat mir Anna erzählt. Die ist schon ein paar Tage da und wohnt in dem Wohnwagen dahinten«, berichtet Mira aufgeregt ihren Eltern. Die Familie hat gerade ihren Stellplatz mit dem Camper bezogen und will jetzt das Vorzelt aufbauen. Aber jetzt geht es doch erst einmal gemeinsam zu den Tieren.

Geeignet für Wohnmobile, Caravans und Zelte,
20 Standplätze,
Anf. April–Ende Okt.
▸ Rüti 4,
CH-6443 Morschach
Tel. +41 418205309
GPS 46.990392, 8.633889
▪ pincamp.de/pin_231417

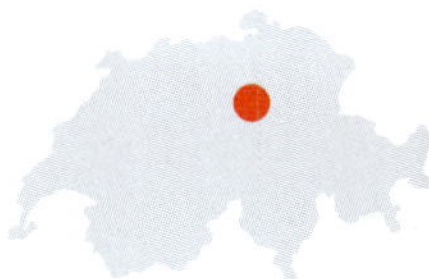

Schon die Anfahrt zum Campingplatz durch wunderschöne Berglandschaft ist ein Erlebnis. Am Ziel werden Gäste durch die Besitzer freundlich empfangen. Dabei gibt es eine Einführung in den familiären Bauernhof sowie viele Informationen und Insidertipps, was man in der Region alles sehen und erleben kann. Dann heißt es ankommen und wohlfühlen. Den Ferienhof Rüti finden Camper in der Zentralschweiz oberhalb des Vierwaldstättersees auf 800 Metern Höhe. Lauerzersee und Zugersee sind ebenfalls nicht weit entfernt. Hier campen Familien idyllisch und mitten im Grünen. Der kleine, gepflegte Campingplatz in ruhiger Lage mitten in der Natur ist von April bis Ende Oktober geöffnet. 20 großzügige Plätze für Wohnwagen, Kleinbusse, Wohnmobile

»Schon die Anfahrt zum Campingplatz durch die wunderschöne Berglandschaft ist ein Erlebnis.«

und Zelte verteilen sich auf mehrere Terrassen. Dazu kommen mehrere Wohnmobilstellplätze. Wohnmobile bis acht Meter Länge, 3,5 Meter Höhe und einem Gewicht bis 4,5 Tonnen sind zugelassen.

Schon während sich die Eltern auf dem Stellplatz gemütlich einrichten und den herrlichen Blick auf das weite Bergpanorama genießen, suchen Kinder ihren Weg über das Gelände und zu den vielen Tieren, die hier ihre Heimat haben. Laufenten, Enten, Katzen und die Schildkröte bewegen sich tagsüber frei und ohne Scheu. Dazu kommen zahme Kaninchen, seltene Hühnersorten, Hängebauchschweine und eine Herde freundlicher Alpakas. Da braucht es etwas Zeit, bis man sich mit allen bekannt gemacht hat. Liebevoll zusammengestellte Informationen und Steckbriefe an Zäunen und Gehegen stellen die Persönlichkeiten der Vierbeiner und Vögel vor und erklären Eigenheiten und Vorlieben der Rasse. Natürlich gehören auch Füttern und Schmusen dazu. Neue Freunde und Spielgefährten finden kleine Gäste beim Beobachten der Tiere oder auf dem sorgsam gestalteten Spielplatz mit Schaukel, Rutsche, Baumhaus und Sandkasten. Dieser ist fast von allen Plätzen einsehbar. So können die Eltern gemütlich vor dem Camper sitzen bleiben und dabei die lieben Kleinen beim Spielen und Toben im Auge behalten. Für Abwechslung und gute Laune sorgt auch das große Trampolin. Wer wohl höher springt, Mutter oder Tochter?

Die Aussichtsplattform Fronalpstock ermöglicht einen Panoramablick bis hin zum Jura und in die Zentralschweiz.

Echte Gänsehautmomente und unvergessliche Urlaubserinnerungen entstehen, wenn der Bauer abends zum Alphorn greift und beim Sonnenuntergang vor der Bergkulisse spielt. Dann hören alle auf dem Platz andächtig zu. Und im Hintergrund ist nur das Läuten der Kuhglocken zu hören.

Auch erwachsene Camper kommen auf dem Ferienhof schnell miteinander ins Gespräch. Den Hofgästen steht eine Sitzecke und ein voll eingerichteter und gemütlicher Aufenthaltsraum mit Küche zur Verfügung. Hier können die Kinder in der kleinen Spielecke mit Stall, Holztieren und Holztraktoren die Erlebnisse und Begegnungen des Tags nachspielen. Im Hofkiosk werden Brötchen, Zutaten fürs Frühstück und Dinge des täglichen Bedarfs verkauft. Darunter sind auch frische Eier der eigenen Hühner. Unbedingt sollte man auch im benachbarten Restaurant Nägelisgärtli einkehren und die lokalen Spezialitäten genießen.

Der Ferienhof Rüti ist wegen seiner Lage idealer Ausgangspunkt für Wanderungen, darunter sind auch ansprechende und für Familien

AUSFLÜGE IN DER NÄHE auf einen Blick

Ausflug zu Fuß	1,5 km vom CP	Variabel	Halbtages- bis Tagestour
Ausflug mit dem Rad	18 km vom CP	Leicht	Halbtages- bis Tagestour

mit Kindern geeignete Routen. Wir empfehlen bei gutem Wetter auf jeden Fall einen Ausflug auf einen der schönsten Gipfel der Region. Die Fronalp ist ein wunderbares Ziel für die ganze Familie. Die Talstation der Luftseilbahn von Morschach ins autofreie Bergdorf Stoos liegt in fußläufiger Entfernung. Auf dem Hochplateau lohnt sich ein Spaziergang über den Moorerlebnisweg oder rund um den Stoos-Seeli. Weiter nach oben geht es mit der gedeckten Sesselbahn. Am Ziel erreicht man die Aussichtsplattform Fronalpstock mit einem phänomenalen Panoramablick über zehn Seen bis hin zum Jura und auf die Viertausender der Zentralschweiz. Der dort angelegte kurze Panoramaweg mit herrlichen Ausblicken ist auch mit kleinen Kindern zu bewältigen. Unter dem Gipfel gibt es eine Gaststätte mit Sonnenterrasse, einen kleinen Streichelzoo und einen Spielplatz. Aber auch wer mehr von der Region sehen möchte, ist auf dem Ferienhof Rüti richtig. Eine Bushaltestelle mit regelmäßigen Busverbindungen ist nicht weit entfernt. Wegen der vielen frei laufenden Tiere auf dem Hof gilt auf dem Campingplatz ein Hundeverbot.

ABENTEUER FÜR GROSS UND KLEIN

Nicht weit vom Ferienhof Rüti liegt das größte Ferien- und Freizeitresort der Schweiz. Hierher kann man auch für einen Tagesausflug kommen. Das ist ideal, falls das Wetter doch einmal richtig schlecht ist oder ein besonderer Tag gefeiert werden soll. Unter anderem gibt es hier eine Bäderlandschaft inklusive Erlebnisbad mit großem Innen- und Außenpool und Wildwasserkanal. Im Superdome sind die Attraktionen im Trampolinbereich und Hindernisparcours bereits ab sieben Jahren geeignet, aber auch für Ältere nicht langweilig. Die einfachsten der 59 Routen an der vielfältigen Kletterwand können schon Kleine ab drei Jahren testen. Der Main-Tower mit Rutschbahnen und die Trampolinanlage bietet Herausforderungen zwischen drei Jahren und dem Erwachsenenalter. Dazu kommen Virtual-Reality-Erlebnisse und ein Spiel- und Abenteuerbereich für Kleinkinder. Im Außengelände finden Gäste eine Reitschule, Kartbahn, Seilrutschanlage, Minigolf, Tennis, einen öffentlich zugänglichen Waldpark, verschiedene thematische Trails und eine Golfanlage. Erwachsene nutzen auch gerne den Fitness-, Sauna- oder Wellnessbereich des mit viel Liebe zum Detail gestalteten Resorts (www.swissholidaypark.ch).

Das Freizeitangebot im Swiss Holiday Park kann sich sehen lassen.

WILDE TIERE UND NATUR ERLEBEN

Auf dem großen, gepflegten Gelände leben 100 europäische und heimische Wildtiere in weitläufigen, naturnahen Gehegen. Ein Teil eines historischen Bergsturzes mit mächtigen Felsen und viel Wald wurde in das Konzept mit aufgenommen. Dabei wird viel Wert auf Tierschutz gelegt. Die Tiere leben im Park in möglichst artgerechten Bereichen mit vielen Verstecken. Deswegen benötigt man manchmal etwas Geduld, um sie zu entdecken. Wölfe, Bären, Füchse oder Fischotter sind am besten rund um die Fütterungszeit zu sehen. Ein Highlight ist die Freilaufzone mit Mufflons und Sikahirschen, die Besucher mit dem im Tierpark gekauften Spezialfutter füttern dürfen. Dabei kommen sie den zahmen Vierbeinern sehr nahe. Im Parkteil Grosswijer-Hof befindet sich der Haustierpark mit Rindern, Eseln, Schafen und anderen Nutztieren. Diese können zum Teil besucht und gestreichelt werden. Der Natur- und Tierpark Goldau ist ein wissenschaftlich geleiteter Zoo. Zu allen Tierarten gibt es ausführliche Informationen. Der Park beteiligt sich an mehreren Programmen zur Wiederansiedlung und Arterhaltung unter anderem bei Wisenten, Bartgeiern, Wildkatzen und dem Schwarzen Alpenschwein. Zusätzlich befindet sich hier eine Auffangstation für kranke und verletzte Wildtiere. Auf dem Parkgelände finden Familien mehrere liebevoll angelegte Spielplätze. Bei heißem Wetter ist besonders der Wasserspielplatz beliebt. Dazu gibt es Picknickplätze und voll ausgestattete Feuerstellen mit Brennholz. Vom 30 Meter hohen Aussichtsturm aus Holz haben Besucher einen guten Überblick über das Gelände und eine herrliche Aussicht auf die umliegenden Berge und Seen. Die meisten Wege sind auch mit dem Kinderwagen oder Rollstuhl zu bewältigen (Natur- und Tierpark Goldau, www.tierpark.ch).

Die Luchse im Naturpark leben in einem großzügigen Gehege.

ÖSTERREICH

Hohe Berge, glitzernde Seen sowie rauschende Flüsse und Bäche – in Tirol, der Steiermark, im Salzburger Land oder in Kärnten ist eine derartig vielfältige Natur zu finden, dass es schwer fällt, sich zu entscheiden, was man gerne machen möchte, wo man als Nächstes hinmöchte. Jeder Tag ist ein neues Abenteuer. Und auf den Bauernhöfen gilt es, das Miteinander von Mensch und Tier in vollen Zügen zu genießen und sich dabei entweder ganz aktiv oder bewusst ruhig zu erholen.

DIE ALMEN RUND UM DEN ZELLER SEE BIETEN WEITE AUSBLICKE IN DIE BERGLANDSCHAFT.

Alpencamping Mark ist ein idealer Ausgangspunkt für viele Aktivitäten in der Region.

ALPENCAMPING MARK 33

★★★★

Geeignet für Wohnmobile, Caravans und Zelte, 96 Standplätze, Mitte April–Ende Sept.

▶ Bundesstr. 12,
A-6116 Weer

Tel. +43 522468146
GPS 47.306316, 11.64915

■ pincamp.de/nt4520

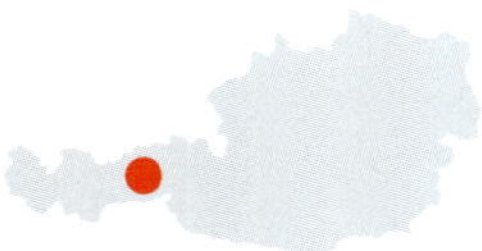

Urlaub ohne Kompromisse: Dem Karwendelgebirge zu Füßen liegt dieser Campingplatz im Herzen Tirols. Die Mission von Alpencamping ist es seit 1973, Familien einen unvergesslichen Campingurlaub zu bescheren.

Verkehrsgünstig gelegen, finden sich auf der 20 000 Quadratmeter großen Bergwiese eine Mischung aus Erholung und Aktivangeboten, die für die Kleinsten bis hin zum Teenager Spaß und Abwechslung versprechen. Auf klassischen Campingkomfort muss dabei keinesfalls verzichtet werden. Familien stehen im Fokus. So gibt es in der Hauptsaison regelmäßige Angebote und Betreuung für Kinder aller Altersklassen, bei denen sich bewegt, Kräfte gemessen und unvergessliche Stunden erlebt werden können. Tradition haben zum Beispiel der Kindertriathlon oder der Trampolinwettbewerb, der wöchentlich stattfindet. Im Vorfeld kann hier auf der Trampolinanlage mit vier Sprungkissen geübt werden, bevor es dann zu einer Bewertung durch die Jury kommt, Preise für die Sieger gibt es selbstverständlich auch. Oder wie wäre es mit einem Pferdenachmittag für die, die es ruhiger mögen? Spiel

AUSFLÜGE IN DER NÄHE auf einen Blick

📍	4 km vom CP	Leicht	1 Std. 30 Min.
≈	45 km vom CP	Mittel	Halbtages- oder Tagestour

und Spaß mit den Rössern und auf Anfrage sind auch ein Ausritt oder Reiten an der Longe möglich. Noch nicht das Richtige dabei? Dann darf es vielleicht einfach eine Runde Bolzen oder Volleyball sein, als Familie oder mit den neu gewonnenen Campingfreunden. Klettern, Rafting und Canyoning stehen in der näheren Umgebung hoch im Kurs. Hier auf dem Platz kann schon mal geübt werden, denn einen eigenen Kletterturm gibt es auch. Bei all dem Hüpfen, Springen und Toben wird einem schon einmal warm, also ab in das Schwimmbecken zum Abkühlen oder Bahnenziehen. Frische Luft und Wasser machen hungrig, ein Imbisswagen direkt am Schwimmbad sorgt für Abhilfe. Apropos Essen – frische Brötchen und Co. gibt es täglich frisch im Camping-Café; wer das ganze Verwöhnprogramm möchte, darf sich hier auch an den gedeckten Tisch setzen und verwöhnen lassen, sowohl am Morgen als auch am Abend. Beim Spaziergang über den Campingplatz sind sie bestimmt schon gesehen worden, die Segways. Wer es probieren möchte, kann hier den sicheren Umgang mit ihnen lernen, sogar ein Alpencamping-Segway-Diplom machen und sich so für eine individuelle Tour wappnen.

Irgendwann gehen die Vorräte bekanntlich aus; wer darauf verzichten möchte, das Wohnmobil zu bewegen, kann sich für wenig Geld ein Auto leihen, um den Einkauf zu erledigen, direkt an der Rezeption und speziell für Campinggäste angeschafft. Aber auch an die Bedürfnisse der Zeltgäste

Bei einem Ausflug nach Hall ist auch ein Besuch auf der Burg Hasegg lohnenswert.

wurde gedacht: Wer länger bleibt, Kühlschrank und Kochplatte lieber zu Hause lassen möchte, kann diese im Vorfeld gleich mitmieten und bekommt sie frei Haus zur Parzelle geliefert. Auf dem Alpencamping Mark wurde an alles gedacht, um den Urlaub ohne Kompromisse genießen zu können. Ein Rundum-sorglos-Paket in idyllischer Atmosphäre und mit traumhafter Kulisse.

»Camper finden hier eine Mischung aus Erholung und Aktivangeboten, die für die Kleinsten bis hin zum Teenager Spaß und Abwechslung versprechen.«

Es dauert ein wenig, bis man sich an die auf dem Kopf stehende Einrichtung gewöhnt hat.

KOPFÜBER INS VERGNÜGEN

Eines vorweg, dieser Ausflug ist nichts für schwache Mägen und alle, denen schnell schwindelig wird. So wird es auch auf der Website empfohlen, und das nicht ohne Grund.

Wer aber mutig ist und was aushalten kann, sollte sich unbedingt trauen. Kindern macht es meist weniger aus, die schaukeln, drehen und machen ja auch »Schweinebaumeln« wie die Weltmeister. Es kostet also meist nur die Erwachsenen ein wenig Überwindung hineinzugehen, doch es lohnt sich, einmal Kopf zu stehen und dabei die Welt, in diesem Fall ein Haus, auf den Kopf gestellt zu sehen. Da ist ganz viel Kopfsache dabei, im wahrsten Sinne des Worts.

Herzlich willkommen im »Haus steht Kopf«, der Name ist Programm. Abgesehen von der Tatsache, dass es unvorstellbar ist, bevor man es selbst erlebt hat, handelt es sich auch um ein Meisterwerk an Architektur, Technik und Kreativität. Mitten in der malerischen Landschaft bringt das Haus schon beim Anblick die natürliche Ordnung ins Ungleichgewicht.

Nach dem Eintreten ins Haus braucht es einen Moment, um das Gehirn zu überzeugen, dass das alles echt ist, denn man selbst befindet sich ja direkt »kopfüber«. Da hängt das Sofa an der Decke, man »schwebt« zum Kühlschrank, um die Milch zu holen. In der Garage steigt man mühelos aufs Autodach. Das Kinderzimmer wird von ganz allein zum Abenteuerspielplatz. Und die ganze Zeit über bleibt dieser eine Gedanke: Hoffentlich ist alles fest und fällt mir nicht auf den Kopf.

Dieser Ausflug ist kurz, intensiv, bleibt im Kopf und lohnt sich. Noch ein letzter Tipp: Abgesehen von einem nur leicht gefüllten Magen hilft es ungemein, wenn man ausgeschlafen ist (www.tirolland.com)!

Gemeinsam geht es in stetem Auf und Ab durch die Wellen.

MITTENDRIN STATT NUR DABEI – FAMILIENRAFTING UND CO.

Idyllische Berghütten, schneebedeckte Bergspitzen, Almwiesen und Wanderwege, dafür steht Österreich, aber Österreich hat auch eine wilde, ungebändigte Seite. Diese gilt es zu erkunden und zu erforschen. Wilde Gebirgsflüsse, Schluchten, Wasserlöcher, all das gibt es zwischen den Felswänden mitten in den Bergen zu erleben. Von Weer aus sind es gut 45 Minuten nach Mayrhofen ins Zillertal, um dort einen Tag auf dem Wasser und an bzw. auf Felsen zu verbringen.

Eine Familienrafting- und Canyoningtour hat genau das richtige Level, um sich auszuprobieren, selbst herauszufordern, aber doch nicht zu überanstrengen. Sofern alle Familienmitglieder mindestens sechs Jahre sind und schwimmen können, wird dies ein unvergesslicher Tag. Angekommen am Treffpunkt, gibt es selbstverständlich eine Einweisung, Neoprenanzüge und Schutzausrüstung, und dann geht es auch schon fast los. Voller Vorfreude und Adrenalin geht es ins Boot, kaum dass alle sitzen, geht sie los, die wilde Fahrt. Es ist unbeschreiblich, das Navigieren ist kein Kinderspiel, aber man lernt schnell. Mal gleitet man förmlich und hat Zeit, die Schönheit der Natur zu genießen, dann heißt es wieder: Vorsicht, Stromschnelle – die Gischt spritzt; geschafft, erleichtert. Weiter geht es. Dieses Stück zwischen Hippach und Mayrhofen ist mit Anleitung und für Familien bzw. Anfänger wirklich gut geeignet. Nicht zu wild, aber wild genug und auch nicht zu lang. Nach rund einer Stunde ist die Fahrt zu Ende.

Mit sehr aktiven Kindern lohnt es, im Vorfeld eine Kombitour zu buchen, dann geht es nämlich noch zum Schnuppercanyoning. Neue innere Schweinehunde gilt es dann zu überwinden – zusätzlich zu Neopren und Helm gibt es dann noch Klettergeschirr dazu. Am Ende des Tags sind alle platt, aber glücklich. Vorsicht – am nächsten Tag droht Muskelkater (www.tirol.at/reisefuehrer/sport/rafting).

Auf dem Gelände des Campingplatzes findet jeder ein schönes Plätzchen mit Aussicht.

CAMPING MICHELNHOF 34

★★★★

Geeignet für Wohnmobile, Caravans und Zelte, 60 Standplätze, ganzjährig geöffnet

▸ Weiberndorf 6,
A-6380 St. Johann in Tirol

Tel. +43 535262584
GPS 47.510466, 12.408733

■ pincamp.de/nt6550

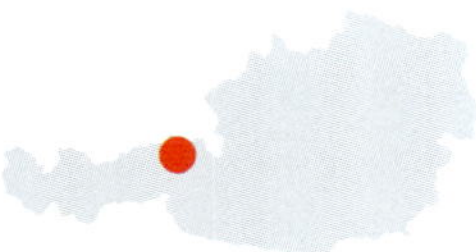

Urlaubsstress ade: Ob im Sommer vom Duft der Blumen und Gräser umgeben oder im Winter von schneebedeckten Bergen, Camping auf dem Michelnhof ist das ganze Jahr über ein Vergnügen.

Inmitten einer traumhaften Berglandschaft, saftig grüner Bergwiesen umzäunt von den Alpen liegt dieses Campingparadies. Es wirbt nicht nur mit »Sommerfrische statt Urlaubsstress«, sondern liefert auch. Wer hier sein Zelt auf- oder den Camper abstellt, braucht keine Zeit, um anzukommen. Die Kitzbüheler Alpen und den Wilden Kaiser fest im Blick besticht der Michelnhof nicht nur mit seiner exponierten Lage. Gastfreundlichkeit wird ganz großgeschrieben, und auch sonst fehlt es dem Campinggast hier an nichts.

Ob Familienduschen, Babywasch- und -wickelräume, Geschirrspülmaschine oder Trockner, es wurde an alles gedacht. Selbst die vierbeinigen Familienmitglieder dürfen nach einem Schlammbad im eigenen Hundeduschraum Körperpflege betreiben. Da es sich um einen voll bewirtschafteten Bauernhof handelt, gibt es selbstverständlich Landwirtschaft zum Anfassen. Die Ställe dürfen unter die Lupe genommen und

Fragen nach der Arbeit gestellt werden. Für all diejenigen, die im Sommer kommen, bedarf es eines kleinen Spaziergangs, um die Kühe zu sehen, denn dann stehen sie auf der Alm. Winter- und Herbstgäste werden von ihnen am Hof begrüßt.

Abwechslung finden Kinder auch auf dem Spielplatz mit Trampolin, Rutsche und Schaukeln. Setzt man sich auf den Boden, während das Kind schaukelt, so scheint es, als würden sie höher schaukeln, als die Bergspitzen emporragen. Ob Tischfußball oder ein Tischtennismatch für die ganze Familie, es ist für alle was dabei. Darüber hinaus braucht es nicht viel mehr, denn man befindet sich quasi auf einem riesigen Naturspielplatz, auf dem es im Sommer wie im Winter

»Inmitten einer traumhaften Berglandschaft, saftig grüner Bergwiesen umzäunt von den Alpen liegt dieses Campingparadies.«

immer etwas zu entdecken gibt, kleine Hofkätzchen und ein paar Ziegen inklusive.

Der Familienbetrieb kümmert sich nicht nur um das Vieh, sondern bei Bedarf auch um das leibliche Wohl seiner Gäste. So kann im hofeigenen Wirtshaus, dem Campingstüberl, der Gaumen mit regionalen Produkten und Fleisch aus eigener Haltung verwöhnt werden. Ausflüge in die nähere Umgebung des Naturcampingplatzes sind mit und ohne Auto problemlos möglich. Gäste bekommen die St. Johann Gästekarte, mit ihr kann der ÖPNV kostenfrei genutzt werden. Der Michelnhof liegt sehr zentral, und die Auswahl an Natur- und kulturellen Ausflugszielen ist schier nicht enden wollend. Ob ein Badetag am Bergsee, ein Ausflug zu den spektakulären Krimmler Wasserfällen, eine kleine Wanderung oder auf die Spuren von Filmschauplätzen, hier ist nichts unmöglich.

EUROPAS HÖCHSTER WASSERFALL – AUF NACH KRIMML

Einmal im Urlaub früh aufstehen ist erlaubt und wird bei diesem Ausflug zu 100 Prozent belohnt. Wasserfälle sind 24 Stunden am Tag beeindruckend, das wissen auch alle anderen Gäste. Doch morgens kurz nach Sonnenaufgang, wenn die Sonne ihre ganze Kraft noch nicht entwickelt hat, bekommt der Weg zum Wasserfall einen ganz speziellen Charme. Stück für Stück arbeitet sich die Sonne nach oben, und der Lichteinfall ändert sich stetig. Dieser Fakt gibt dem Ganzen etwas Mystisches. Auch hängen in den Bergen am Morgen gerne noch leichte Nebelschaden über dem Wasser, die Sonnenstrahlen durchbrechen diese, und das Wasser unter ihnen fängt besonders schön an zu glitzern. Wie in Zeitlupe heben sich die Nebelschleier und geben das Wasser frei. Ein

Die Campinggäste können sich bei den Kühen im Stall oder auf der Weide gerne umsehen.

Schauspiel, das selbst jedes Kind faszinieren wird. Je früher am Morgen (bitte die aktuellen Öffnungszeiten beachten), desto weniger Besucher, desto bessere Parkplatzwahl und desto mehr Platz auf dem Weg. Das sind die anderen Vorteile des zeitigen Aufstehens. Der etwas längere Anfahrtsweg selbst gerät ins Hintertreffen, denn in den Bergen Österreichs ist selbst das ein Erlebnis.

Bereits 1900 wurde der sagenhafte Wasserfallweg angelegt, um allen einen sicheren Aufstieg zu ermöglichen. Gespickt mit Aussichtskanzeln, die zum Verweilen, Innehalten, Fotosmachen und Genießen einladen. Wie eine riesige Gebirgsschlange schmiegt er sich in die Landschaft und führt seine Besucher vom untersten zum obersten Wasserfall und weiter ins Tal. Begleitet von mal tosendem, mal leisem Wasser und hier und da ein wenig Gischt. Feste Schuhe und eine Regenjacke sind eine gute Idee. Den Höhenunterschied werden selbst die Kleinsten meistern, denn vor lauter Staunen wird man sie kaum merken (www.wasserfaelle-krimml.at).

FAMILIENWANDERUNG AUF DEM NATURSPIELPLATZ

Die Natur ist der größte Spielplatz der Welt, in ihr finden Kinder alles, was es braucht, um sich ohne Langeweile draußen zu bewegen. Auch die Jüngsten unter ihnen schaffen das, sofern es genug zu entdecken gibt. Eine Wanderung auf dem Wanderweg – Naturspielplatz an der Rehbachklamm – eignet sich hervorragend, um alle vom Wandern zu begeistern. Vom Michelnhof geht es mit dem Auto Richtung Wilder Kaiser nach

Die Wasserfälle in Krimml sind ein grandioses Naturschauspiel.

AUSFLÜGE IN DER NÄHE auf einen Blick

Ausflug	65 km vom CP	Leicht	Tagestour
Wanderung	15 km vom CP	Leicht	2–4 Std.

Scheffau. Dort das Auto parken und sich vom Zentrum aus gen Norden orientieren und der Beschilderung Rehbachklamm (Weg Nummer 42) folgen. Aber hier geht es spielerisch wie von selbst weiter, und an heißen Tagen findet man hier die besten Schattenplätze. Umgeben vom Duft des Walds geht es vorbei an gigantisch großen Bäumen, über schmale Brücken, begleitet vom Rauschen des kleinen Wildbachs.

Felsbrocken tauchen immer wieder auf und lassen hier und da kleine Wasserfälle auf ihrem Weg nach unten entstehen. Eine kleine Erfrischung zwischendurch ist garantiert. Entlang des Wegs lässt sich bei genauem Hinsehen noch mehr entdecken, und es kommt keine Langeweile auf. An der Klamm angekommen, steht die Entscheidung an – ist noch genug Kraft und Muße da oder soll der Rundweg schon zurückführen? Wer kann, geht noch ein Stück weiter die Klamm entlang, kann dort einen Blick in einen alten Bergbaustollen werfen und sich auf der Hinterschießlingalm stärken und die Aussicht genießen. Um die Rundwanderung komplett zu machen, wird auf dem Rückweg der Forstweg (Weg Nummer 41) Richtung Leitenhof genommen, um den Zielpunkt ganz ohne Umwege wieder zu erreichen. Die Laufdauer ist mit 75 Minuten für 3,5 Kilometer angegeben. Durch Spiel und Spaß unterwegs sollte mehr Zeit eingeplant werden (www.wilderkaiser.info).

Eine Wanderung durch die Rehbachklamm ist abwechslungsreich und spannend.

Auf dem Campingplatz Pürcherhof gibt es so viel zu entdecken, dass keiner mehr weg will.

PÜRCHERHOF 35

Geeignet für Wohnmobile, Caravans und Zelte

▶ Berg 21,
A-8960 Mitterberg-Sankt Martin

Tel. +43 36846036
GPS 47.460891, 13.962817

■ pincamp.de/pin_245656

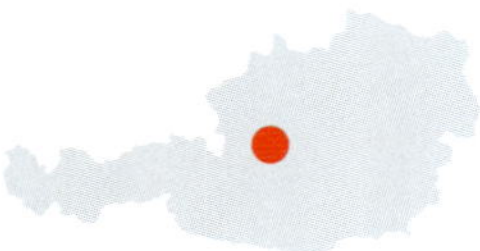

Camping all inclusive in der Steiermark: Ein sonnenverwöhnter Platz, umgeben von Wiesen und Wäldern. Keine Nachbarn, Ruhe, ein paar Tiergeräusche und die schneebedeckten Berge in Sichtweite, gepaart mit Herzlichkeit und Kinderfreundlichkeit, das macht den Pürcherhof besonders.

Ob mit Wohnmobil, Camper oder Zelt angereist wird, hier findet jeder seinen Platz. Hof und Platz sind mit allem ausgestattet, was einen perfekten Campingurlaub in der Natur ausmacht und darüber hinaus noch ein bisschen mehr. In der Schladming-Dachstein-Region gibt es viel zu entdecken, doch für einen abwechslungsreichen Urlaub müsste man sich nicht einmal wirklich vom Fleck bewegen. Vor allem in den Sommermonaten, wenn die Wiesen in ihrer Blüte stehen und das Leben draußen stattfindet, wird es schwer, sich vom Pürcherhof zu lösen. Abgesehen von allem Notwendigen zum Campen kommt vor allem der Nachwuchs auf seine Kosten, wobei Eltern nicht zwangsläufig ausgeschlossen sind. Ein Spielplatz mit Spielhaus und Trampolin ist auch ohne Aufpasser einen Besuch wert. Die Tiere im Streichelzoo warten darauf, neue Freunde zu finden, und die Ponys freuen sich auf einen Besuch.

AUSFLÜGE IN DER NÄHE auf einen Blick

Ausflug	7 km	Leicht	Halbtagestour 30 km vom CP
Wanderung	4,7 km	Leicht	1 Std. 30 Min.– 2 Std. 30 Min.

Interessen von Jung und Alt unterscheiden sich gerne mal. Während Eltern sich im Urlaub auch mal Zeit zu zweit wünschen, wollen die Kids bespaßt werden. Hier auf dem Pürcherhof ist beides möglich, denn im Sommer gibt es ein buntes Wochenprogramm, bei dem die Kinderbetreuung vom Hof übernommen wird und man sich am Abend beim gemeinsamen Lagerfeuer was zu erzählen hat. Ein Tag steht im Zeichen der Pferde, ein anderer Tag führt zurück in vergangene Zeiten, und es wird wild, die passende Kleidung zum Indianertag darf da natürlich nicht fehlen. Auch Ausflüge in die Natur stehen auf dem Programm, es wird erklärt, entdeckt und gesammelt und am Ende noch ein schönes Mitbringsel gebastelt u. v. m. Groß und Klein haben die Möglichkeit, verschiedene Traktoren, vor allem Oldtimer, näher zu betrachten, und selbst eine kleine Traktorfahrt auf dem Gelände ist inkludiert. Für einen Aufpreis kann eine größere Ausfahrt gebucht werden. Ach ja, und wer schon immer mal wissen wollte, wie so eine Bummelzugfahrt ist, der ist hier genau richtig. Familie

Die Aussicht vom Campingplatz auf die umliegenden Gipfel ist wunderbar entspannend.

Lemmerer verwöhnt auch gerne den Gaumen ihrer Gäste. Der Weg ist kurz. Als Selbstversorger mit Schweinen, Hühnern, Obstbäumen und dem, was bei der Jagd vor die Flinte kommt, gibt es hier Gaumenfreuden direkt und ohne Umwege auf den Tisch. Sollte die Portion zu üppig gewesen sein, darf es für die Erwachsenen vielleicht noch eine Kostprobe aus der eigenen Schnapsbrennerei sein. Ein schöner Tagesabschluss für alle wäre auch ein Verdauungsspaziergang, bei dem die Sonne langsam am Horizont hinter den Bergspitzen verschwindet.

Ein Vergnügen für die ganze Familie: eine Mountain-Gokart-Fahrt vom Hochwurzen hinunter ins Tal

MOUNTAIN-GOKART – EIN RASANTES VERGNÜGEN

Alter spielt hierbei fast keine Rolle, selbst auf dem Schoß oder in der Babytrage können die jüngsten Familienmitglieder dabei sein. Zunächst einmal geht es von der Talstation Hochwurzen mit der Gipfelbahn hinauf. Der spektakuläre Blick auf der 15-minütigen Gondelfahrt ist definitiv das erste Highlight der Tour, wohl auch

»Keine Nachbarn, Ruhe, ein paar Tiergeräusche und die schneebedeckten Berge in Sichtweite …«

die einzige Zeit, bei diesem Ausflug die Natur und die Umgebung einzusaugen und zu genießen. Auf 1850 Metern angekommen, gibt es eine Einweisung und das Sicherheitsequipment. Wenn alle bereit sind, geht es auf die Piste, Adrenalinausschüttung garantiert. Ob ganz gemütlich oder als kleines, gesittetes Rennen, obliegt jedem selbst.

Die Strecke ist sieben Kilometer lang, und die Fahrt nach unten dauert eine knappe halbe Stunde, wobei rund 700 (!) Höhenmeter überwunden werden. Vorsicht mit der Geschwindigkeit, gerade am Anfang ist der Weg teils serpentinenartig und erfordert ein wenig Konzentration und Lenkvermögen. In der unteren Hälfte gibt es weniger Kurven und längere Abschnitte, die ein kurzes Wettrennen förmlich herausfordern.

Kinder ab zehn Jahre und über 1,45 Meter dürfen im Übrigen gerne selber fahren. Mountain-Gokart ist absolut zu empfehlen und bringt Spaß für die ganze Familie. Während der Hauptsaison bietet es sich an, vorab zu reservieren und beim Einhalten des Termins Gondelfahrt und Wartezeit an der Gondel einzukalkulieren, dann steht dem Vergnügen nichts mehr im Weg. Letzte Abfahrt ist 17 Uhr (www.mountain-gokart.at).

Die Wanderung am rauschenden Wasser entlang eignet sich auch für heiße Tage.

FAMILIENWANDERUNG MIT WOW-EFFEKT AN DER TALBACHKLAMM

Nichts ist schöner und faszinierender als Wasser, umgeben von Bäumen und Gestein. Überall da, wo sich Wasser seinen Weg bahnt und immer wieder unerwartete Wendungen einschlägt, auch mal verschwindet und dann mit Getöse auftaucht, scheint die Zeit stillzustehen und die Natur noch mit sich im Einklang zu sein. Los geht diese tolle Familienwanderung am Rande von Schladming, und dort sollte sie auch wieder enden, wenn die Wegweiser richtig gelesen wurden.

Vorab noch eine gute Nachricht: Die Tour ist für Kinderwagen, also für alle Altersklassen geeignet. Veranschlagt sind 1,5 Stunden, aber realistisch ist es, eine Stunde mehr zu planen. Es ist einfach zu schön, um eine schnelle Runde zu drehen. Von Anfang an wird der Spaziergang vom mal mehr, mal weniger lauten Rauschen des Talbachs begleitet. Offizieller Start des Rundwegs Talbachklamm ist das fast gleichnamige Wanderportal – Kraiter-Talbachklamm. Ein nicht zu übersehender Wegweiser (Holzstoß-Optik) weist dem Familientross den Weg nach links. Stöcker, Steine, Blumen, Bäume und immer der Talbach in greifbarer Nähe lassen die Zeit bis zur Aussichtsplattform im Nu vergehen. Von hier wird der Blick noch einmal spektakulärer und die Kraft des Wassers einmal mehr spürbar. Weiter geht es bis Untertal-Dorf und von dort wieder zurück. Für einen Moment auf dem gleichen Weg, bis man das Kriegerdenkmal sieht, dann geht es nach rechts, und es folgen noch ein paar weitere tolle Aussichten. Diese gilt es, eigenständig zu entdecken.

Genauere Infos zur Strecke und zu anderen familienfreundlichen Wanderungen findet man auf der Website der Schladming-Dachstein-Region. Noch eine gute Nachricht für Nachtschwärmer: Das Ganze gibt es am Abend auch beleuchtet (www.schladming-dachstein.at/de).

Im Nationalpark Hohe Tauern liegt der Großglockner – der höchste Berg Österreichs.

BIOBAUERNHOF UNTEREGG 36

Geeignet für Wohnmobile, Caravans und Zelte
▶ Heuberg 6,
A-5651 Embach Lend
Tel. +43 6645581229
GPS 47.297504, 13.028886
■ pincamp.de/pin_235167

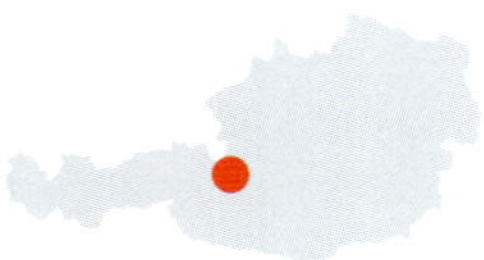

Camping mit Ausblick: Es ist ein besonderer Ort. Am Morgen wacht man mit dem Kopf in den Wolken auf, geht am Abend nach einem erfüllten Tag mit wunderbarem Sonnenuntergang in den buntesten Farben ins Bett und schläft nachts unter einem überwältigenden, funkelnden Sternenhimmel. Gäste schätzen vor allem die gute Luft und die grandiose Aussicht, aber auch die individuelle Betreuung durch die Bauernfamilie. Inzwischen hat bereits die nächste Generation die Leitung des von den Eltern aufgebauten Familienbetriebs übernommen.

Der Biobauernhof mit kleinem Campingplatz liegt im Randgebiet des Nationalparks Hohe Tauern in einer außergewöhnlichen Hochgebirgslandschaft. Hier ist die Natur ursprünglich und gleichzeitig durch den Menschen geprägt. Das hat einen besonderen Zauber. Die großzügigen Stellplätze für Wohnwagen, Zelte und Wohnmobile befinden sich auf einer Wiese mit Terrassen direkt neben dem Bauernhof. Durch die Lage auf einem Plateau auf 850 Metern bieten sich herrliche Blicke über Wälder, Weiden und Täler und vor allem auch auf die umliegenden

AUSFLÜGE IN DER NÄHE auf einen Blick

Wanderung	6 km	Leicht	Halbtagestour, Start: Embach, 2,5 km vom CP
Ausflugsziel	15 km vom CP	Leicht	2 Std.
Ausflugsziel	8,5 km vom CP	Leicht	1 Std. 30 Min.–2 Std.

Gipfel und Berge. Darunter sind die Spitzen des Hochkönigs und Bernkogel. Unterhalb liegt das grüne Salzbachtal. Die letzten Kilometer zum Hof geht es steil den Berg hinauf. Bei schlechtem Wetter oder wenn es glatt ist, werden Wohnwagen auf Wunsch mit dem Trecker nach oben gezogen.

Vor allem Familien machen gerne auf dem Bauernhofcampingplatz Urlaub. So finden sich schnell Spielgefährten unterschiedlichen Alters. Hier ist viel Platz, und Kinder sind rund um die Uhr beschäftigt. Besonders die Begegnungen mit den Tieren des Hofs sind Highlights, an die sich Kinder und Eltern noch lange erinnern. Das beginnt schon am ersten Tag, wenn die Gäste durch den freundlichen Hofhund begrüßt werden. Auf dem lebendigen Bauernhof leben Kühe und Kälber in einem großen Stall. Von dort gehen sie regelmäßig auf die Weide. Dazu kommen Schafe und Ziegen. Es gibt Hasen und Katzen, die sich immer über Streicheleinheiten freuen, und auch eigene Pferde. Kinder und Eltern sind gern gesehene Gäste bei der Stallarbeit und werden miteinbezogen. Beim Misten und Füttern kann man kräftig mit anpacken. Und schon die Kleinsten verteilen mit Begeisterung duftendes Heu an die Tiere. Aber es gibt auch Gegenbesuch bei den Campern auf der Wiese. Das Entenpärchen Asterix und Obelix inspiziert regelmäßig den Campingplatz und schaut dabei auch einmal neugierig in die Zelte. Die Begegnungen mit ihnen sorgen immer wieder für lustige Momente.

Doch auch sonst wird es nicht langweilig. Auf dem Kinderspielplatz mit Kletterbaum ist immer etwas los. Auf dem großen Trampolin hüpfen und toben größere Kinder mit Ausdauer. Und der Spielturm mit Rutsche sowie der Sandkasten kommen bereits bei den Kleinsten gut an. Und mit Gokarts und Trettraktoren geht es, so schnell die Beine treten können, und mit lautem Juhu über den Platz. Dazu stehen den Gästen ein kleiner Pool, ein überdachter Picknickplatz mit herrlicher Aussicht und ein Grillplatz zur Verfügung. Besonders gut schmeckt es, wenn auch Produkte des Biobauernhofs verarbeitet werden. Camper können Milch, Käse und Eier aus eigener Produktion kaufen und Brötchen bestellen. Eigentlich könnte man den ganzen Tag auf dem Hof verbringen und die Ruhe genießen, aber das wäre schade, denn in der Region gibt es viele lohnende Ausflugsziele. Direkt ab dem Hof starten verschiedene Wanderungen. Sehr empfehlenswert ist die Route über den Berg zur Kitzklamm und über Embach zurück. Auch der Tauernradweg verläuft ganz in der Nähe.

In der Umgebung des Campingplatzes gibt es viele schöne Radtouren mit herrlicher Aussicht.

GOLF NACH BERGBAUERNART MIT SPASSFAKTOR

Ein besonderes Erlebnis und großer Spaß für die ganze Familie ist der Bergbauerngolf-Wanderweg in Embach, der sich ganz in der Nähe des Campingplatzes befindet. Auf der sechs Kilometer langen Strecke wurden elf Stationen an schönen Plätzen eingerichtet und dabei auch historische Landwirtschaftsgeräte miteinbezogen. Eine alte Getreidemühle, ein Güllefass oder eine Milchzentrifuge wurden dabei liebevoll wieder zum Leben erweckt. Ein anderes Mal verschwindet der Ball aber auch in einem Astloch. Ähnlich wie beim Minigolf gilt es, den Ball mit möglichst wenigen Schlägen ins Loch zu bringen. Dabei steigt der Spielspaß von Station zu Station. Die Wegführung geht über Asphalt, Waldwege, Schotter oder Wiesenwege und ist sehr gut ausgeschildert. Immer wieder bieten sich herrliche Blicke auf die umliegende Bergwelt. Unterwegs gibt es zahlreiche Möglichkeiten für eine Pause und zur Einkehr. Start ist im Zentrum des Bergbauerndorfs Embach. Von Mai bis September gibt es Schläger, Ball und den Spielplan mit Beschreibung und Punktetabelle beim Gasthaus Krämerwirt oder Embacher Hof. Die Holzschläger für Kinder sind kleiner und leichter als die für Erwachsene.

SUCHE NACH EDLEM METALL

Das Raurisertal war viele Jahrhunderte ein wichtiger Ort für die Goldgewinnung. Am Goldwaschplatz Heimalm können kleine und große Schatzsucher unter Anleitung selbst Gold waschen und den Umgang mit der Goldwaschpfanne

Auf der Burg Klammstein gibt es für alle Altersgruppen viel zu entdecken.

lernen. Beim Waschen und Sieben landen auch echte kleine Goldflocken oder Goldfäden im Glasröhrchen. Die Partikel sind fast immer sehr klein, weshalb Geduld und ein konzentrierter Blick notwendig sind. Auf der bewirtschafteten Heimalm, an der Mittelstation der Hochalmbahn, wurde ein neuer Goldwaschplatz angelegt. Mit einem drei Meter hohen Wasserrad wird das Wasser über Leitungen in Becken und Tröge transportiert. Auch Mineralienschürfen ist möglich. Zur Suche nach dem kostbaren Material geht es mit der Rauriser Hochalmbahn. Die direkte Zufahrt mit dem Auto ist nicht möglich. Sonnenschutz und Wechselkleidung sind empfohlen. Mit der SalzburgerLand Card ist das Goldwaschen frei (www.raurisertal.at).

ZUM ÄLTESTEN HISTORISCHEN BAUWERK IM GASTEINERTAL

Ein Besuch auf der wieder aufgebauten und restaurierten kleinen Burg Klammstein ist eine gute Alternative bei schlechtem Wetter. Die Burg befindet sich in Privatbesitz. Bei der obligatorischen Führung erfährt man viel über das Tal und die Burg. Auch für Kinder sind die Geschichten und ausgestellten Exponate spannend. Der Besitzer bezieht die kleinen Gäste mit ein. Eine Einkehr in die Burgschenke lohnt sich ebenfalls. Unterhalb der Burg gibt es kostenlose Parkplätze. Von dort steigt man rund zehn Minuten hinauf. Mit der SalzburgerLand Card sind die Führungen kostenlos (www.burg-klammstein.at).

»Vor allem Familien machen gerne auf dem Bauernhofcampingplatz Urlaub. Hier ist viel Platz, und Kinder sind rund um die Uhr beschäftigt.«

Hoch über dem Raurisertal kann man Goldwaschen lernen – und mit etwas Glück auch welches finden.

Auf dem Areal des Oberhasenberghofs begeistert die herrliche Ruhe.

OBERHASENBERGHOF 37

Geeignet für Wohnmobile, Caravans und Zelte,
Mitte Mai–Ende Sept.
▶ Taxberg 56,
A-5660 Taxenbach
Tel. +43 65436068
GPS 47.300775, 12.945228
■ pincamp.de/pin_245677

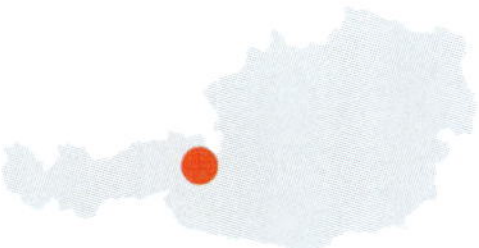

Oase in der Natur: Hoch oben auf 1120 Metern inmitten der österreichischen Alpen, fernab vom Alltagsstress, liegt der Campingplatz Oberhasenberghof. Eine Oase in der Natur mit einem phänomenalen Panoramablick über das zu Füßen liegende Salzachtal.

Lachende Kinder und glückliche Familien sind das, was sich Familie Hacksteiner wünscht, und dafür haben sie hier die idealen Voraussetzungen geschaffen. Das Campingareal liegt direkt neben dem bewirtschafteten Bauernhof. Die Kühe verbringen den Sommer zusammen mit ihren Kälbern, den Ziegen und Pferden auf der Weide, so bleibt genügend Zeit, sich ausgiebig um die Gäste zu kümmern und ein kindgerechtes Programm zu bieten. Sehr zentral gelegen, gibt es unzählige Möglichkeiten in der Nähe des Kinderbauernhofs zu entdecken. Wandern, Klettern, Radfahren, Berg- und Gletscherseen: Alles ist möglich, aber auch einfach mal nichts tun, entspannen, genießen und die Kinder frei rumlaufen und den Hof entdecken lassen. Da wäre ein Spielplatz, der keine Wünsche offen lässt. Ob hoch hinaus auf dem Trampolin, Burgfräulein und Burgherr auf dem Spielturm sein oder eine kleine Schlammpackung in der Matsch-

AUSFLÜGE IN DER NÄHE auf einen Blick

	2,5 km	Leicht	2–3 Std., Start: Mittelstation Rauriser Hochalmbahnen
	37 km vom CP	Leicht	Halbtages- oder Tagestour Start: Bergstation Natrunbahn

küche, alles kein Problem. Mit Gokarts und Kinderfahrzeugen ein kleines Rennen veranstalten, Mama und Papa beim Tischfußball abzocken oder ein Tischtennismatch mit der ganzen Familie, nichts, was es nicht gibt. Keine Lust auf Sonne beziehungsweise Schutz an Schlechtwettertagen? Dann ist die Spielscheune mit Heuspielplatz genau richtig. Am Abend dann ein Lagerfeuer oder auch mal ein Filmabend.

Wer hier seinen Urlaub verbringt, will so schnell nicht wieder weg. Sogar ein paar Streicheleinheiten dürfen verteilt werden an die kleinen, süßen Fellknäuel. Toben lässt einen schnell ins Schwitzen kommen, deswegen Badehose nicht vergessen. Unter dem weiten Himmelszelt steht ein Pool bereit, eine Abkühlung für die Kinder und ein entspanntes Sonnenbad für die Eltern oder alle zusammen. Wie wäre es mit einem entspannten Bad im Whirlpool, während der Nachwuchs herumtollt? Ja, Familie Hacksteiner hat an alles gedacht, ihr Motto lautet nicht umsonst: glückliche Eltern = glückliche Kinder. Was es sonst noch zu entdecken gibt, das findet ein jeder am besten selbst heraus. Genossen werden kann das Campingglück von Mai bis Oktober. 15 Stellplätze stehen zur Verfügung, ebenso ein Sanitärgebäude, klein, praktisch, sauber.

Die Alleinlage, umgeben von saftig grünen Wiesen, umrahmt von Wald und mit einem herrlich freien Blick auf das Tal, lässt die Herzen aller Naturliebhaber höherschlagen.

Steinmännchen bauen – auf einer Familienwanderung ein Vergnügen für alle

TILLY'S WALDPFAD – SPIELERISCH ENTDECKEN UND LERNEN

In jedem Kind steckt ein Entdecker und Forscher. Schnödes Wandern löst selten Begeisterungsstürme aus, doch wenn es aktiv etwas zu entdecken gibt, vergisst ein jedes Kind, dass es eigentlich ums Wandern geht. Gestartet wird an der Mittelstation der Rauriser Hochalmbahnen, das Auto bleibt auf dem kostenfreien Parkplatz der Rauriser Hochalmbahnen stehen. Weg Nummer 11, ein leichter Waldweg, wird gen Süden eingeschlagen.

»Das Motto der Campingplatzbetreiber: glückliche Eltern = glückliche Kinder«

Gut 2,5 Kilometer und 300 Höhenmeter gilt es zu bezwingen, doch die erste Station zum Lernen und Pausieren lässt nicht lange auf sich warten. Hier erfährt man als Erstes etwas über die Flora und Fauna, durch die man sich ja bereits bewegt und welche einen auf dem Weg begleitet. Es ist ein Kinderspiel, von Schautafel zu Schautafel zu gelangen. Selbstverständlich erfährt man auch etwas über die Tierwelt und die Mineralien, schließlich stecken diese ja in jedem Stein und Felsen, der sich direkt und indirekt vor einem befindet. Tilly's Waldpfad bietet auch ein wenig Abenteuer, so zieren hin und wieder skurrile Baumreste den Weg und laden zum Klettern ein. Eine Aussichtsplattform mit Fernglas bietet einen Blick bis ans Ende des Tals, und versteckt im Grünen gibt es eine Picknickecke mit Holzliegen, die förmlich nach Pausieren rufen. Angegeben ist

Auf dem Waldpfad lernen alle die Flora und Fauna der Region kennen.

Im Waldrutschenpark kommt jeder auf seine Kosten.

die Laufzeit mit 1,5 Stunden, doch die reichen nie und nimmer, denn die Natur hält so viele Überraschungen bereit, dass Zeit keine Rolle spielt.

Ende des Pfads ist die Hochalm, nicht zu verfehlen. Jetzt kann der Familienrat entscheiden, ob zurückgelaufen oder mit der Bahn zurück ins Tal gefahren wird (www.rauris.co/urlaub-sommer ferien/wanderweg-kinder-tillys-waldpfad).

WALDRUTSCHENPARK MARIA ALM

Der Abenteuerspielplatz Wald bekommt hier auf dem Prinzenberg am Hochkönig ganz neue Dimensionen. Prinzen und Prinzessinnen, und wenn sie sich trauen auch die königlichen Eltern, sind hier zu einer ganz besonderen Rutschpartie eingeladen. Mitten im Wald, wo der ein oder andere Schrei verhallt, steigert sich das Kribbeln im Bauch ins Unermessliche.

Zuerst einmal geht es zur Bergstation der Natrunbahn. Von hier führen insgesamt fünf Rutschen verteilt auf 200 Meter Rutschstrecke talabwärts Richtung Postalm. Vorweg sei gesagt, es braucht schon etwas Mut, sich in die Edelstahltunnel zu begeben und »fallen zu lassen«, doch der Adrenalinkick und der Spaß sind es wert. Wer sich nicht traut, noch ein Kind im Kinderwagen dabeihat oder nur einzelne Rutschen probieren mag, der hat die Möglichkeit, auf dem kinderwagentauglichen Waldweg nebenher Richtung Tal mitzulaufen. Die Röhrenrutschen sind selbstverständlich in gebührendem Abstand zu nutzen, die Breitspur-Wellenrutsche ist prädestiniert für ein kleines Wettrutschen. Aber auch die etwas Kleineren kommen nicht zu kurz. Sofern sie sicher auf den Beinen sind, gibt es eine kurze Rutsche, die durch das Klettern auf den Turm und ein »Brückennetz« zu erreichen ist. Die Zeit vergeht wie im Flug. Wie lange der Weg nach unten dauert, ist individuell. Zwischendrin laden auch Schaukeln oder Hangelmöglichkeiten zum Spielen ein. Und so ein Schaukelstopp mit Panoramablick hat auch was für sich. An der Postalm angekommen ist der Rutschenspaß vorbei. Jetzt liegt es an jeder Familie selbst, welche der vielen Möglichkeiten als Nächstes auf dem Programm steht. Aber eines ist sicher, viel mehr Kribbeln im Bauch ist an diesem Tag nicht drin (www.hochkoenig.at/de/infrastruktur/maria-alm-waldrutschenpark-natrun.html).

Den Nationalpark Hohe Tauern vom Campingplatz aus kennenzulernen macht der ganzen Familie Spaß.

HABERERHOF 38

Geeignet für Wohnmobile, Caravans und Zelte

▶ Niedermauern 9, A-9972 Virgen

Tel. +43 48745261

GPS 46.998858, 12.44164

▪ pincamp.de/pin_245659

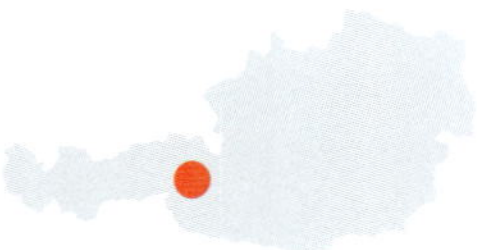

Camping- und Bauernhoftraum: Inmitten des Nationalparks Hohe Tauern, auf der grünen Wiese gleich neben dem Bauernhof, dürfen Zelt, Camper und Co. abgestellt und Campingferien genossen werden. Die Berge im Blick und die Wolken zum Greifen nah.

Der Campingplatz verfügt über alle notwendigen Einrichtungen, auch die Chemietoilette kann direkt am Platz gereinigt werden. Neben dem Notwendigen gibt es für Groß und Klein eine ganze Menge zu entdecken und zu erleben, allem voran das Leben auf einem Bauernhof. Der steht den Campinggästen nämlich genauso zur Verfügung wie auch den Hausgästen. Ein aktiv bewirtschafteter Biobauernhof wie der Habererhof führt Jung und Alt gleichermaßen direkt und ohne Umschweife vor Augen, wo die Milch herkommt und wie gut selbst gemachte Produkte wirklich schmecken. Schon beim Frühstück geht es los: frische Milch zum Müsli, dazu ein Ei, selbst gemachte Marmelade aus Früchten von den Sträuchern direkt vor der Tür. Selbst der Speck, den sich mancher gönnt, kommt direkt vom Hof.

Gästekinder und ihre Eltern sind eingeladen, bei einer Hof- und Stallrunde alles aus der Nähe zu betrachten. Im Rahmen des Freizeitprogramms darf sogar selbst gemolken werden, ein echter kleiner Wettbewerb kürt am Ende sogar die beste Melkerin oder den besten Melker. Eins vorweg: Es ist nicht so leicht, wie es aussieht, aber mit der richtigen Technik und ein wenig Einfühlungsvermögen ist man ganz vorne dabei. Neben den Kühen grunzt, miaut und hoppelt es hier. Die Katzen lieben es, sich im Heu zu verstecken. Während die Hasen und Meerschweinchen sehr auf ihre täglichen Streicheleinheiten bedacht sind. Und wie fühlt sich eigentlich ein Schwein an? Weich oder stachelig? Gästekinder haben die Chance, es selbst herauszufinden – und ganz nebenbei, Schweine sind sehr reinliche Tiere. Dreckig sind sie nur, weil sie nicht schwitzen können und durch das Suhlen ihre Körpertemperatur regulieren.

»Im Rahmen des Freizeitprogramms darf sogar selbst gemolken werden.«

Neben tierischem Vergnügen kann auf Hof und Campinggelände selbstverständlich auch getobt und gespielt werden. Schaukel, Trampolin, Sandkasten und ein kleiner Bolzplatz stehen zur Verfügung. Sind die Kinder beschäftigt oder zeigt sich das Wetter einmal nicht von seiner besten Seite, sind der Fitnessraum, die Sauna oder das Dampfbad vielleicht genau die richtige Option.

Zum Ausklang eines gelungenen Tags lädt der Lagerfeuerplatz ein, sich gemütlich zusammenzusetzen. Je nach Jahreszeit findet auch regelmäßig ein Tiroler Abend mit Musik und Tanz statt, gutes Essen gibt es dabei aus der Küche. Vor dem Ende eines Tags steht bekanntlich sein Anfang. Am Morgen bietet der Hof einen Brötchenservice für Campinggäste oder auch ein zünftiges Frühstück auf Nachfrage an. Eine letzte Besonderheit des Hofs sei an dieser Stelle noch erwähnt. Der Habererhof verfügt über eine Hausquelle – frisches Trinkwasser kommt hier direkt aus dem Berg!

AUSFLÜGE IN DER NÄHE auf einen Blick

Ausflugsziel	14 km vom CP	Leicht	Halbtagestour
Wanderung	4,3 km	Leicht	2 Std., Start: Virgen, 1,5 km vom CP

HOCHSEILGARTEN STRÖDEN – SICHER VON BAUM ZU BAUM

Wie oft steht man vor den Giganten, die sich Bäume nennen, und wünscht sich, wie die Eichhörnchen ganz nach oben zu klettern, um einen Blick nach unten zu werfen? Ganz so einfach ist es nicht, aber mit der richtigen Ausrüstung und einer gehörigen Portion Mut kann genau das im Hochseilgarten Ströden getan werden. Mit mehr als neun verschiedenen Parcours und Schwierigkeitsgraden ist für jeden etwas dabei. Selbst Minis ab drei Jahren dürfen sich auf Hüfthöhe probieren. Je nach Alter, Körpergröße und Gewicht können alle Herausforderungen oder Teile bezwungen werden. Die Touren folgen alle einem Tiernamen und

Im Sommer ist eine kleine Abkühlung für die heißen Wanderfüße besonders schön.

sind je nach Tier entsprechend gestaltet. Mitten im Lärchenwald, den Maurergletscher als Kulisse wie gemalt vor Augen, fühlt man sich frei und wild. Adrenalin ist der ständige Begleiter, und hin und wieder heißt es: Augen zu und durch. Denn hoch und rüber geht es meist viel leichter, als sich zum nächsten Zielpunkt fallen zu lassen. Wen die Höhenangst zu sehr plagt, der feuert den Rest der Familie einfach an und macht den Rucksackträger, denn ein Proviantmeister ist nicht zu verachten. Für alle, die eine besonders gute Körperspannung haben oder schon immer mal wissen wollten, wie sich Fliegen wohl anfühlt, sind die Slackline-Tour und die Air-Line-Tour ein absolutes Muss. Ihr seid mindestens acht Jahre alt und nicht schwerer als 80 Kilogramm? Mut ist der zweite Vorname? Dann stellt man sich am besten an der Riesenschaukel selbst einmal auf die Probe (www.grossvenediger-adventures.at)!

Die Wanderung zur Burgruine Rabenstein ist auch für kleine Kinder gut machbar.

BURGRUINE RABENSTEIN – EINE KLEINE WANDERUNG VOR DER HAUSTÜR

Wenn man sich für den Habererhof entschieden hat, ist man landschaftlich gesehen schon im Paradies. Was läge also näher, als direkt vor der Haustür eine kleine Wanderung zu unternehmen? Auf der Tour, die direkt in Virgen losgeht, gibt es das ein oder andere zu entdecken, was selbst kleine Wandermuffel vom Platz locken sollte.

Mit etwas mehr als vier Kilometern Länge und einer kalkulierten Zeit von etwa zwei Stunden überschaubar und machbar. An der Kirche geht es los, eine Schautafel stimmt noch einmal ein und liefert ein paar Infos über die nähere Umgebung. Zuerst einmal geht es Richtung Firschnitzbach. Zwischen alten Mauern fließt er friedlich über Stock und Stein dahin und versprüht schon ein wenig mittelalterlichen Charme. Auf einem leicht zugänglichen und zu bewandernden Weg geht es durch die Natur zur Burgruine Rabenstein.

Je näher man ihr kommt, desto mächtiger wirkt sie. Steht man endlich davor, lässt sich die einstige Größe des Schlosses aus dem 12. Jahrhundert erahnen. Mitten in der Natur und wild bewachsen haben die Ruinen ihren Charme.

Auf dem weiteren Verlauf des Rundwegs laden Rastbänke oder auch der Resinger Backofen von 1855 zum Verweilen ein. Während von der Rastbank aus der Blick genossen werden kann, erzählt die Infotafel am ehemaligen Backofen in Kürze seine Geschichte. Mitten in einer Felsöffnung hätte man ansonsten ohne die Tafel seinen wahren Ursprung so nicht erkannt. Von hier ist der Familientross schon fast wieder auf der Zielgeraden und auf dem letzten Viertel der Runde.

Diese kleine Wanderung bietet Abwechslung, Geschichte und jede Menge Natur – einfach ideal (www.osttirol.com/entdecken-und-erleben/sehenswertes-und-ausflugsziele/detail/infrastructure/burgruine-rabenstein-virgen).

Im Forellenteich auf dem Prefelnig Hof dürfen alle Campinggäste ihr Angelglück versuchen.

39 PREFELNIG HOF

Geeignet für Wohnmobile, Caravans und Zelte, Anf. Mai–Ende Sept.
▶ Alt-Ossiach 2,
A-9570 Ossiach
Tel. +43 66473904140
GPS 46.689155, 14.032796
■ pincamp.de/pin_245679

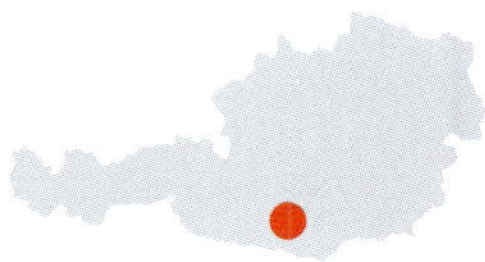

Campingurlaub mit Bauernhoffeeling: Das wird hier nicht nur versprochen, sondern gehalten. In Kärnten, unweit des Ossiacher Sees, eingebettet in die Natur, liegen Hof und Campingplatz.

Familie Huber hat sich zum Ziel gesetzt, Bauernhof nicht nur vorzuleben, sondern vor allem den kleinen Gästen die Möglichkeit zu geben, Bauernhof mitzuerleben. Während sich die Eltern oder Großeltern einfach mal zurücklehnen dürfen, werden die Kinder aktiv einbezogen. Bei einem aktiven Milchviehbetrieb mit rund 70 Kühen und Kälbern ist immer was zu tun.

So lernen die Feriengäste, wie man einen Stall richtig ausmistet und die Tiere füttert. Auch die Kleintiere werden mitversorgt, und die Katzen freuen sich über ein paar Streicheleinheiten. Zusätzlich leben noch zwei Pferde hier, eine Zwergziege und Hühner. Allerdings sind die Hofpferde keine Reitpferde, wer also Reiten möchte, lässt sich von Familie Huber einen Reiterhof empfehlen. Ansonsten gilt: Die Natur ist ein riesiger Spielplatz, und mit ein wenig Fantasie wird es nie langweilig. Nach einem aufregenden Tag trifft man sich zu einem gemeinsamen Grillabend und lässt ihn ganz gemächlich ausklingen.

Nur Hofarbeit, nur Tiere oder nur Wandern könnte dem ein oder anderen langweilig werden. Familie Huber hält deshalb noch zwei Goodies für ihre Gäste bereit. Zum einen gibt es neben dem

AUSFLÜGE IN DER NÄHE auf einen Blick

Langsames Vergnügen	7 km	Leicht	3 Std., Start: am CP
Ort	4 km vom CP	Leicht	Tagestour

Gelände einen Forellenteich mit Zucht. Ob geübter Angler oder Anfänger, auf dem Hof kann sich das nötige Equipment kostenfrei ausgeliehen werden. Vielleicht klappt es ja mit dem Grillgut für den Abend. Zum anderen hat der Hof ein Arrangement mit dem hiesigen Strandbad Steindorf am Ossiacher See getroffen, dort erhalten alle Gäste während ihres Aufenthalts kostenfreien Eintritt. Einer Abkühlung für die ganze Familie steht an heißen Tagen nichts mehr im Weg. Was der Hof seinen Gästen an Freizeitaktivitäten zu bieten hat, ist bis hierher bekannt. Wie ist nun aber der Campingplatz gestaltet?

Der Campingplatz befindet sich direkt auf einer befestigten Wiese zwischen Stallgebäude und Forellenteich. Er verfügt über zehn unterschiedlich große Parzellen, auf denen Zelte, Camper oder Wohnmobile einen Platz finden können. Die Sanitäranlagen sind relativ neu und großzügig gestaltet. Ein Wickeltisch und auch behindertengerechte Toiletten sind vorhanden. Bei Bedarf kann auch ein großer Gemeinschaftskühlschrank auf dem Platz mitbenutzt werden. Offizielle Öffnungszeiten sind von Mai bis September, bei Bedarf kann für April oder Oktober angefragt werden. Und wer am Vorabend bestellt, bekommt am nächsten Morgen frische Brötchen.

»Die Natur ist ein riesiger Spielplatz, und mit ein wenig Fantasie wird es nie langweilig.«

Auf dem Slow Trail im Bleistätter Moor gibt es viele Tiere und Pflanzen zu sehen.

LANGSAMES VERGNÜGEN IM BLEISTÄTTER MOOR

Mit kleineren Kindern geht alles oft – und eigentlich zum Glück – langsamer voran, sodass auch den Großen zwangsweise mehr Zeit bleibt, sich länger und näher mit der Umgebung, in der man sich befindet, zu beschäftigen. Diese rund sieben Kilometer lange Tour durch das Bleistätter Moor zählt zu den Slow Trails der Region, die dazu anhalten sollen, sich bewusst und langsam in der Umgebung aufzuhalten. Offiziell geht die Tour am Domenig Steinhaus los, der Prefelniggast weiß aber, dass die Rundwanderung fast an der Haustür vorbeiführt, und startet eben direkt hier.

Der Familywald ist ein Riesenspaß für alle – egal welchen Alters.

Laufrichtung ist gen See. An seinem Ostufer, der Tiebelmündung, schließt sich das Moor nahtlos an. Der erste Teil der Runde führt am Seeufer entlang, entlang des Dammwegs befinden sich zwei Aussichtstürme. Nummer eins ist der Ossiacher Moorturm, daneben findet sich eine Infotafel zu Flora und Fauna.

Ein Besuch auf dem Turm ist obligatorisch – der Blick in die Landschaft ist fantastisch, und diese strahlt unwahrscheinlich viel Kraft und Ruhe aus. Tiere gibt es für den genauen Beobachter hier nicht nur auf Bildern. Ob Störche oder Schmetterlinge, Biber oder in der Abenddämmerung Fledermäuse. Hier kreucht, fleucht, fliegt und summt es. Nur ein Stück weiter steht der Steindorfer Moorturm. Auch hier gilt es wieder, die paar Stufen zu nehmen und die Perspektive zu ändern. Es geht weiter Richtung Baumschule und dann Richtung Bach, nach der Überquerung ist es nur noch ein Katzensprung zurück zum Campingplatz. Nach drei Stunden sollten die sieben Kilometer geschafft sein. Zwar wird die Strecke mit zwei Stunden Laufzeit angegeben, aber das ist mit Kindern, Pausen und echtem Eintauchen in die Natur nicht realistisch (www.visitvillach.at/de/tours/slow-trail-bleistaetter-moor.html).

FAMILYWALD – SPIEL, SPASS UND ABENTEUER FÜR ALLE

Urlaub bedeutet immer auch, ein paar Kompromisse einzugehen, insbesondere wenn Kinder im Spiel sind. Haben die Kinder dann auch noch unterschiedliche Interessen und einen größeren Altersunterschied, ist es nicht immer einfach, die Balance zu finden. Quasi direkt vor der Tür am Ossiacher See gibt es die Lösung – den Familywald. Einen ganzen Tag in der Natur, am See und mit jeder Menge Action, genau in der Portionsgröße, die jeder verträgt. Hier kann man Dinge gemeinsam machen oder getrennte Wege gehen und sich am Ausgang wieder treffen.

Zwischendrin nichts tun und die Aussicht über den See und auf die Berge genießen geht auch. Baumwipfelpfade und Hängebrücken sind ein Familienklassiker und deswegen ein guter Einstieg hier. Während die Kleineren sich anschließend vielleicht lieber auf dem Waldspielplatz vergnügen, in Baumhäuser klettern, den Erlebnisweg erkunden oder sich beim Kinderschminken in zarte Schmetterlinge verwandeln, können die Größeren sich auf der Waldachterbahn, der ersten Österreichs, beweisen. Fly-Line heißt sie, und den Beinamen Achterbahn trägt sie nur, weil sie Achten fährt. Denn grundsätzlich schwebt bzw. »fliegt« man frei herum, an dicken Metallrohren entlang.

So mitten zwischen den Bäumen darf ein Kletterwald nicht fehlen und steht selbstverständlich zur Erprobung bereit. Eines der Highlights für die ganze Familie sind die sogenannten Treenets. Es macht so einen Spaß, von unten nach oben, über mal mehr, mal weniger wackelige Netze von Baum zu Baum zu kommen. Mal ist ein Trampolin das Verbindungsstück, mal ein Tunnel ganz aus Netz, oder man muss sich fallen lassen und rutschen. Auf jeden Fall ein Riesenspaß für Jung und Alt und ein idealer Abschluss im Park für alle (www.familywald.at).

Auf dem terrassierten Gelände des Campingplatzes findet jeder ein schönes Plätzchen.

CAMPING AM BAUERNHOF (ST. GEORGEN IM GAILTAL) 40

Geeignet für Wohnmobile, Caravans und Zelte, 35 Standplätze
▸ Wertschach 23,
A-9612 St. Georgen im Gailtal
Tel. +43 69988504498
GPS 46.608545, 13.590323
▪ pincamp.de/pin_235122

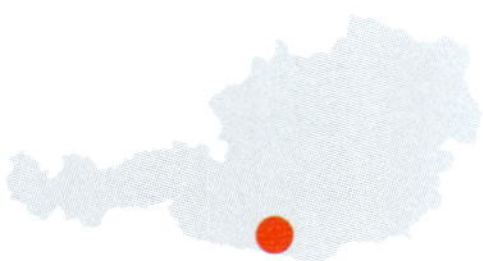

Erlebnis Landleben: »Die Ponys sind ja noch kleiner als wir«, flüstert der fünfjährige Robin andächtig seinem Cousin Jakob zu. Und dann hält der aufgeweckte Wirbelwind ganz still, während ihn Arturo sorgfältig beschnuppert. Jetzt streichelt er freudestrahlend das weiche Fell des Vierbeiners. Beide sind ganz verzaubert und stehen noch eine Weile am Weidezaun, bevor sie sich zu weiteren Entdeckungen aufmachen.

Der gepflegte und familiäre Camping am Bauernhof liegt in Kärnten direkt am Naturpark Dobratsch, dem größten Bergsturzgebiet der Ostalpen. Wohnmobile, Wohnwagen und Zelte stehen auf einem terrassierten und baumbestandenen Gelände vor einem traditionellen Bauernhof auf rund 760 Metern Höhe. Hier können Camper aus rund 35 nicht parzellierten und großzügigen Stellplätzen auswählen. Die weitläufige grüne Anlage ist von Wiesen, Wäldern und Bergen umgeben. Es fühlt sich fast so an, als würde man in einem liebevoll angelegten Park campen. Dabei bieten sich von den Plätzen herrliche Blicke auf die grüne Umgebung und die Berge. Besonders die Zeit um den Sonnenauf- und Sonnenuntergang, wenn sich die Spitzen und Hän-

»Es fühlt sich fast so an, als würde man in einem liebevoll angelegten Park campen.«

ge rosa färben und die Zeit stillzustehen scheint, sind magische Momente.

Besonders Familien mit Kindern, aber auch Durchreisende und andere Camper fühlen sich hier im Gailtal wohl. Es gibt einen Brötchenservice und Produkte vom Hof. Mehrere Restaurants sind nicht weit entfernt. Mit Wohnmobil und Wohnwagen sollte man allerdings unbedingt der empfohlenen Anreiseroute über die B 111 und L 36 folgen. Der kürzere Weg ins Tal ist eng, an manchen Stellen steil und führt über viele Kurven.

Und auch unvergessliche Tierbegegnungen gehören zum Urlaub auf dem Campingplatz dazu. Auf dem Bauernhof leben Rinder, Schafe, Hühner, die Miniponys Attila und Arturo, zwei Ziegen und eine Ente. So gibt es immer etwas zu beobachten und zu sehen, und die frischen Eier der Hofhühner schmecken auch kleinen Leckermäulern gut. Besonders, wenn sie beim Sammeln mit dabei waren. Rinder und süße Kälber können im Stall gemeinsam mit den Gastgebern besucht werden. Die freundlichen Ponys freuen sich über Streicheleinheiten und sind immer neugierig, wer sie besuchen kommt und vor allem, was sich in deren Taschen verbirgt. Und auch die Ziegen und Schafe können vom Weidezaun aus betrachtet werden.

Unter den anderen Camperkindern finden sich schnell Spielkameraden im gleichen Alter, mit denen man über die große Spielwiese toben kann. Und auch auf dem Kinderspielplatz mit Rutsche und Trampolin möchte man gerne Zeit verbringen. Wer davon genug hat, nutzt die Tischtennisplatte oder begibt sich zu Spiel und Spaß in die Scheune.

Auch sonst gibt es viel Abwechslung. Der Campingplatz eignet sich als Ausgangspunkt für familienfreundliche Wanderungen, Spaziergänge und Radtouren. Der Radweg Alpe Adria liegt nur wenige Kilometer entfernt. Der gut ausgeschilderte Dobratsch-Rundwanderweg führt in der Nähe des Campingplatzes vorbei und bietet eine sehr gute Möglichkeit, die abwechslungsreiche Landschaft und die Vielfalt der Natur kennenzulernen. Man kann auch nur Abschnitte daraus erwandern. Wasserratten finden im Umkreis von 15 bis 30 Kilometern mehrere hervorragende und glasklare Badeseen. Das neu sanierte öffentliche Schwimmbad des Orts befindet sich nur rund 100 Meter vom Camping am Bauernhof entfernt. Der Eintritt ist mit der Kärnten Card, die man über die Besitzer des Campingplatzes beziehen kann, kostenfrei. Viele Tipps und Anregungen für Unternehmungen bekommt man gleich dazu. Die Villacher Alpenstraße von Villach-Möltschach bis auf den Dobratsch auf 1700 Metern gilt als eine der schönsten Panoramastraßen in Österreich. Das an Kärnten angrenzende Italien ist nur etwa 20 Kilometer entfernt. Und das nahe Slowenien erreicht man über den steilen Wurzenpass oder bequem über die Autobahn durch den mautpflichtigen Karawankentunnel.

Der Ausblick vom Campingplatz ist zu jeder Tageszeit schön – besonders mystisch aber bei Sonnenuntergang.

ALTE STOLLEN UND AUSBLICKE

Ein hölzernes Tor neben einem Picknickplatz markiert den Startpunkt des Stollenwanderwegs Bad Bleiberg, eines schönen Rundwanderwegs, bei dem sich alles um Bergbau und Naturerlebnis dreht. Unterhalb gibt es kostenfreie Parkplätze. Start ist von der Bleiberger Straße. Wir empfehlen gute Wanderschuhe und die Mitnahme von Taschenlampen, um die auf der Strecke liegenden Stollen erforschen zu können. Auch etwas Verpflegung und Getränke sollte man dabeihaben. Dann folgt man den gut ausgeschilderten Wanderwegen und Pfaden entlang des Erzbergs durch den Wald, über Geröllfelder und durch die Mooslandschaft. Offene, in den Felsen geschlagene Stollen und Bauten aus der Bergbauzeit laden zur Erkundung ein. Das ist ein bisschen gruselig, aber auch sehr spannend. Unterwegs finden Wanderer einen Pulverturm und ein restauriertes Bergmannshaus. Dieses ist liebevoll eingerichtet, nicht abgeschlossen und kann besichtigt werden. Auch altes Gerät, Loren oder Maschinen sind zu sehen. Immer wieder wird der Wanderer mit herrlichen Aussichten auf das Tal und die Berge belohnt. Dazu gibt es Panoramabänke und Informationstafeln (www.bad-bleiberg.at).

SCHÄTZE DER ERDE

Etwa 700 Jahre wurden hier in Bad Bleiberg Blei und Zink abgebaut. In den Schaubergwerken Terra Mystica geht es auf zwei verschiedenen Touren ins Erdinnere. Nach der Einkleidung mit Hose, Jacke und Helm erfolgt die Einfahrt unter Tage über die längste Bergmannsrutsche in Europa.

In den Schaubergwerken Terra Mystica lernt man 800 Jahre Bergbaugeschichte kennen.

AUSFLÜGE IN DER NÄHE auf einen Blick

	Entfernung	Schwierigkeit	Dauer
Wandern	4,5 km	Leicht	3–4 Std., Start: 7,5 km vom CP
Ausflugsziel	8 km vom CP	Mittel	1–2 Std., je nach Führung
Wasser	20 km vom CP	Mittel	Halbtagestour

Diese ist 68 Meter lang. Die kürzere Terra-Mystica-Führung führt an mehreren Stationen vorbei. Mit der Grubenbahn geht es zum Fahrstuhl zurück.

Bei der zweiten Führung Terra Montana, die einmal am Tag angeboten wird, geht es nach dem Rutschen mit der Bahn rund zwei Kilometer in den Berg hinein. Danach wird an mehreren Stationen die Entwicklung des Bergbaus vom Beginn 800 Jahre v. Chr. bis in die Gegenwart demonstriert. Auch Maschinen kommen dabei zum Einsatz.

Zurück ans Licht geht es nach beiden Touren mit dem originalen, 49 Meter langen Schachtaufzug. Auch ein kleines Bergbaumuseum mit Exponaten aus dem Arbeitsalltag gehört zum Komplex dazu. Mit der Kärnten Card ist der Eintritt frei. Warme Kleidung wird empfohlen, da in den Stollen durchgängig nur 8 °C herrschen. (www.terra-mystica.at).

NASSER SPASS FÜR DIE GANZE FAMILIE

Beim Familienrafting haben Eltern und Kinder gemeinsam viel Spaß. Die mit dem Schlauchboot und einem erfahrenen Rafter gefahrene Strecke ist sorgfältig ausgewählt. Besonders viel Wert wird auf Sicherheit gelegt. So können bereits Kinder ab vier Jahren und auch Nichtschwimmer am gemeinsamen Abenteuer teilnehmen.

Treffpunkt ist am Rafting Center Carnica der Familie Achatz in Hermagor. Hier werden Neoprenanzug, Neoprenschuhe, Schwimmweste & Helm angezogen, die man über der eigenen Badekleidung, einem T-Shirt und Socken trägt. Auch den Sonnenschutz sollte man nicht vergessen, da das Wasser die Strahlen reflektiert. Zusammen mit einem erfahrenen Guide und nach einer Sicherheitseinführung geht es aufs Wasser. Die Guides haben das Boot fest im Griff, und große und kleine Teilnehmer paddeln fleißig mit.

Für Abwechslung sorgen neben den Wellen und kleinen Stromschnellen auf dem Fluss auch kleine Manöver zum gegenseitigen Abkühlen. Die Wasserschlachten sind legendär, und niemand bleibt trocken. Immer wieder gibt es aber auch ruhige Momente, bei denen das Boot auf dem Fluss entlanggleitet und man die herrliche Landschaft des Gailtals genießen kann.

Am Ende der Fahrt gibt es die Möglichkeit, im Fluss zu baden oder sich in voller Montur in der Strömung treiben zu lassen, ebenfalls ein Abenteuer. Das sind unvergessliche Urlaubserlebnisse für die ganze Familie (www.rafting-carnica.at).

Mit der ganzen Familie im Boot einen Fluss hinunterfahren – einfach unvergesslich

REGISTER

Affenberg Salem 132
Alb-Gästekarte 119
Alte Schachtschleuse
Henrichenburg 53
Ammerschlucht 116
Arbon 145
Atta-Höhle 56
AVENTURA 60

Bad Bleiberg 184
Bad Buchau 136
Bad Mergentheim 105
Bad Schandau 84
Bantikow 39
Barth 27
Barther Bodden 27
Bastei 84
Bauernhausmuseum
Wolfegg 136
Baumkronenpfad 76
Baumwipfelpfad 113, 145
Bautzen 86
Bayerischer Wald 113
Bergbauerngolf 170
Bergpark Wilhelmshöhe 64
Bienenmuseum
Knüllwald 66
Bleistätter Moor 180
Blitzenreuter Seenplatte 134
Blumeninsel Mainau 128
Böbing 114
Bodensee 127, 130, 134, 143
Bodensee-Zoo 129
Breiter Luzin 43
Burg Eltz 93
Burg Klammstein 171
Burgruine Rabenstein 178
Büsum 21

Canyoning 159

Dagebüll 17
Dangast 31, 33
DanGastQuellbad 31
Darwineum 29
Datteln 51
Dattelner Meer 52
Dermbach 69
Dithmarschen 19
Dobratsch 183
Dortmund 53
Dortmund-Ems-Kanal 51
Dreisamtal 122
Dresden 76, 87
Dümmer See 37

Elbsandsteingebirge 82
Embach 169
Embach Lend 168
Eslohe 54

Falkenberg 100
Familienrafting 159, 185
Familywald 181
Federsee 136
Federseemuseum 136
Feldberg 43
Festung Königstein 85
Fichtelnaab 99
Fichtelnaab-Radweg 100
Flensburg 18
Flugvorführungen 104
Frankenroda 74
Freiburg 124
Freilichtmuseum Finsterau 113
Freilichtmuseum Königspfalz
Tilleda 81
Friedrichshafen 130
Fronreute 134
Fuhlendorf 30
Fürst-Pückler-Park 89

GEO-Zentrum an der Konti-
nentalen Tiefbohrung
(KTB) 102
Geschichtspark
Bärnau-Tachov 101
Geslau 103
Gletschergarten 150
Glöwitz 27
Gohrisch 82
Goldwaschplatz Heimalm 170
Görlitz 86
Grömitz 25
Gut Godderstorf 23

Habichtswald 64
Halbinsel Chiemen 148
Hängebrücke 61
Hängeseilbrücke Geierlay 92
Haus steht Kopf 158
Haustierhof 129
Hebewerk Henrichenburg 52
Hedwigenkoog 19
Heiligenhafen 24
Heimkehle 81
Hennesee 54
Herkules 64
Hermagor 185
Himmelstreppe 56
Hochseeangeln 24
Hochseilgarten Ströden 177
Hochwurzen 166
Hofgeismar 64
Holzbach 90
Hunsrück 90

Jadebusen 31
Jaderpark 34
Jagd- und Falknerei-
Museum 105

Kampehl 42
Kanalkreuz Datteln 52
Kanutour 76
Karawankentunnel 183
Karlsberg 64
Kärnten 179
Kärnten Card 183
Karwendelgebirge 156
Kassel 64
Kitzklamm 169
Kleinhennersdorfer Steine 83
Kletterwald Winterberg 57
Kloster Salem 129
Kokerei Hansa 53
Konstanz 130
Konuskarte 123
Kraxelmaxel
Ostsee Kletterpark 25
Krimmler Wasserfälle 161
Kristallhöhle Kobelwald 146
Kyffhäusergebirge 81
Kyritz 40

Lauerzersee 151
Lebende Sonnenuhr 53
Legoland Deutschland 110
Leipheimer Moos 109
Leuchtturm Arngast 33
Löwenburg 64
Luftseilbahn 153
Luzern 147

Mainau 128
Maria Alm 175
Mayrhofen 159
Medebach 58
Meersburg 130
Meierskappel 147
Mihla 77
Mitterberg-Sankt Martin 164
Morschach 151
Mountain Gokart 166
Mühlenkopfschanze 61
Münsingen 118
Museum im Schweizerhaus 150
Museumsbergwerk
Schauinsland 124
Muskau 89

Naab 99
Nationalpark
Bayerischer Wald 113
Nationalpark Hainich 76
Nationalpark
Hohe Tauern 168, 176
Nationalpark Wattenmeer 17
Nationalpark-Zentrum
Lusen 113
Natrun 175
Naturerlebnispfad
Wackelwald 137
Naturerlebnisweg
Leipheimer Moos 109
Naturlehrpfad
Fuhlendorf 30
Naturlehrpfad
Gangolfsberg 72
Naturschutzgebiet
»Schwäbisches
Donaumoos« 107
Natur- und Tierpark
Goldau 154
Neuhaus 100, 130
Neukirchen 68
Neustrelitz 44
Niederbeisheim 65
Nordhausen 78

Oberlausitz 86
Oberried 122
Oberteuringen 130
Ossiach 179
Ossiacher See 179
Ostermade 23

Pfaffenwinkel 114
Phänomania Büsum 21
Playmobil-Funpark 106
Qualitätswanderweg Goldsteig
100

Rauriser Hochalmbahn 171
Raurisertal 170
Ravensburg 130, 134
Ravensburger Spieleland 133
Rehbachklamm 163
Rehden 35
Rhein-Route 145
Rhön 69
Riedheim 107
Rostock 29
Rotkäppchenland 65

Sächsische Schweiz 84
Salem 126, 130
Salzachtal 172
Salzbachtal 169
SalzburgerLand Card 171
Saurierpark Kleinwelka 87
Schaubergwerke
Terra Mystica 184
Schauhöhle Heimkehle 81
Schauinsland 124
Scheffau 163
Schiffshebewerk
Henrichenburg 53
Schladming 167
Schleusenpark Waltrop 52
Schloss Hohenzieritz 30, 32
Schloss Linderhof 117
Schloss Sababurg 64
Schloss Schillingsfürst 104
Schmallenberger
Sauerland Card 55
Schnalz-Panoramaweg
Böbing 116
Schnitzeljagd 29
Schongau 116
Schongauer Märchenwald 116
Schwäbische Alb 119
Schwarzwald 122
Seehundbeobachtung 22
Segelschule 38
Skywalk Willingen 61
Slowenien 183
Steiermark 164
Steinwasenpark 125
St. Gallen 145
St. Georgen im Gailtal 182
St. Johann Gästekarte 161
St. Johann in Tirol 160
Stockborn Ranch 69
Stollenwanderweg
Bad Bleiberg 184
Stoos 153
Strudeltopf 84
Swiss Holiday Park 153

Talbachklamm 167
Tauernradweg 169
Taxenbach 172
Templin 45
Terra Montana 185
Terra Mystica 184
Teufelsgrund 84
Thräna 86
Thurgau 143
Thyrnau 111
Tiergarten Neustrelitz 44
Tierpark Rheinböllen 93
Tierpark Sababurg 64
Tilleda 81
Tilly's Waldpfad 174
Titisee/Neustadt 124
Traumland Freizeitpark 121

Überlingen 130
Untersee 39
Uttewalder Grund 84

Verkehrshaus 149
Vierwaldstättersee 147, 151
Villach 183
Virgen 176

Wacholderheide 119
Waldbahnmuseum 88
Waldeisenbahn 88
Waldrutschenpark
Maria Alm 175
Walldorfer Märchenhöhle 71
Warmetal 62
Wartburg 70
Wasserhöhle Wimsener Höhle 120
Wasserspielplätze 38
Wattwanderung 17, 33
Weer 156
Wehlen 84
Wehler Burgruine 84
Werra 75
Werratal-Radweg 75
Westernstadt El Dorado
Templin 45
Westfälisches
Freilichtmuseum Hagen 53
Westre 15
Wieskirche 117
Wilder Kaiser 162
Wildpark
Bad Mergentheim 105
Willingen 61
Wimsener Höhle 120
Winden 143
Windischeschenbach 99
Winterberg 57
Wurzenpass 183

Zirndorf 106
Zoo Rostock 29
Zugersee 147, 151
Zwergen 62

LEGENDE

Zeichenerklärung Campingplätze

- Strandnähe
- Shopping
- Brötchenservice
- Kinderfreundlich
- Schwimmbad
- Hund erlaubt
- Restaurant
- Internet

Zeichenerklärung Ausflüge – Fakten auf einen Blick

- Distanz/Strecke
- Leicht/Mittel/Schwer Schwierigkeitsgrad
- Dauer, Start- und Endpunkt

Zeichenerklärung Ausflüge

WANDERUNG
Ob Strandspaziergang oder Bergtour: Wer zu Fuß unterwegs ist, der hat Zeit zum Genießen.

RUND UMS WASSER
Mit Paddelboot, Kanu oder Floß: Von Flüssen und Seen aus sieht man die Welt aus einem ganz neuen Blickwinkel!

FAHRRADTOUR
Adrenalin auf dem Mountainbike und Entspannung pur beim Familienausflug mit dem Drahtesel

NATURERLEBNIS/LEHRPFAD
Moore, Wälder, Steinfossilien – diese Pfade durch die Natur sind Achtsamkeit pur.

TIERBEOBACHTUNG
Wölfe, Braunbären, Affen: Mitten in der Natur ist man nie allein unterwegs.

ERLEBNISORT
Von der Salzgrotte über den Dinosaurier-Park bis zum Hochseilgarten: Hier gibt es was zu erleben!

toys · jouets spielwaren

bruder

just like the real thing

MADE BY BRUDER EU GERMANY

BRUDER Spielwaren GmbH + Co. KG
Postfach 190164, 90730 Fürth/ Germany
Telefon: + 49(0)911/ 75 209 - 0
info@bruder.de

bruder.spielwaren.de

www.bruder.de

BILDNACHWEIS

Umschlag vorne: mauritius images/Sebastian Almes; Manu Vega/Getty Images
Umschlag hinten: Camping Manser
Übersichtskarten: Shutterstock

123 RF: 146 – **Alamy:** 167 – **Alamy/Eva Bocek:** 151 – **Alpencamping Mark:** 156 – **Anette Buschmeyer:** 35, 37 – **AWL Images:** 26 – **Bauernhaus Museum Schloss Achberb/Ernst Fessler:** 136 – **Camping am Bauernhof Gailtal:** 182, 183 – **Camping am Ferienhof Kramer:** 130, 131 – **Camping Hofgut Hopfenburg:** 5_1, 94–95, 118, 119 – **Camping Kirnesmarteshof:** 122, 123 – **Camping Manser:** 5_2, 143, 144 – **Camping Michelnhof:** 160 – **Camping Pürcherhof:** 164, 165 – **Camping Schwarzfelder Hof:** 107, 108 – **Campinghof Salem:** 126, 127 – **Campingplatz am Bauernhof:** 65, 66 – **Campingplatz Hohes Ufer:** 23 – **Campingplatz Rhön Feeling:** 69, 70 – **Campingplatz Schweinemühle:** 99, 100 – **Camping Michelnhof:** 161 – **ddp:** 134 – **Erlebnisbauernhof Gerbe:** 147 – **Familywald Ossiacher See:** 8_2, 181 – **Ferienhof Schiermeier:** 111 – **Ferienhof Stratmann:** 55 – **Freizeit- und Campingpark Thräna:** 86, 87 – **Freizeitpark Klaukenhof:** 46–47, 51, 52 – **Getty Images:** 2, 6, 8_1, 9_2, 98, 174; 500px Plus 78; iStockphoto 36; The Image Bank 73; Westend61 4_1, 24 – **HUBER IMAGES:** Sabine Lubenow: 10–11; Bernd Grundmann: 82; Hans-Peter Merten: 92; Roger Taylor: 175 – **Imagebroker:** Alamy Stock Photo: 159; Edwin Stranner: 184 – **imago:** 148; Action Pictures: 17; Stefan Schwenke: 166; Zoonar: 45, 101 – **imago images/Jochen Tack:** 56 – **imago stock:** 34, 42, 77, 84 – **iStockphoto:** 158 – **Knattercamping in Bantikow:** 39 – **laif:** Ralf Brunner: 21; Christian Kerber: 169 – **Landgasthof Probstei Zella:** 74, 75 – **Look/Holger Leue:** 62 – **lookphotos:** Sylvia Pollex: 43 – **M_H.DE/CC BY 3.0:** 81 – **mauritius images:** Hans Blossey: 57; Harald Lange: 88; Karl-Heinz Schein/imageBROKER: 180; Katharina Hild/imageBROKER: 137; Mark Robertz: 172; Pitopia: 89; Stefan Huwiler/imageBROKER: 44; Udo Bernhart: 176; Zoonar GmbH / Alamy: 163 – **Mohrenhof:** 103, 104 – **MySwitzerland.com/Ivo Scholz Photography:** 145 – **Naturlehrpfad Fuhlendorf:** 30 – **picture alliance:** ASSOCIATED PRESS: 125; Christine Koenig: 102; Countrypixel: 58; dpa/dpa-Zentralbild: 80; DUMONT Bildarchiv: 138–139; imageBROKER: 173 – **plainpicture:** 33 – **Playmobil Funpark:** 106 – **Shutterstock.com:** 16, 40, 61, 90, 110, 112, 117, 124, 132, 133, 155, 179, 185 – **stock.adobe.com:** 9_1, 14, 15, 18, 19, 20, 22, 25, 27, 28, 29, 31, 32, 38, 41, 50, 53, 54, 59, 60, 63, 64, 67, 68, 71, 72, 76, 79, 85, 91, 93, 105, 109, 113, 114, 115, 116, 120, 121, 128, 129, 135, 142, 150, 152, 157, 162, 168, 171, 177; Thomas Roetting/Sylvia Pollex: 4_2, 83 – **Swiss Holiday Park/Zuerrer:** 153 – **Tierpark Goldau:** 154 – **Verkehrshaus Schweiz:** 149 – **Wikipedia:** C. Stadler: 170; M. Kranewitter: 178

Postfach 86 03 66, 81630 München

Markenlizenz der PiNCAMP GmbH, München

ISBN 978-3-98645-089-2

1. Auflage 2024

Autorinnen:
Katja Hein (Plätze 5, 8, 12, 16, 19, 20–32, 36, 40),
Ulrike Jeute (Plätze 1–4, 6, 7, 9–11, 13–15, 17, 18, 33–35, 37–39)

Verlagsredaktion und Projektmanagement: Benjamin Happel, Caro Kania, Melanie Loser

Lektorat: Susanne Maute, mcp concept GmbH

Satz und Kartografie: mcp concept GmbH

Schlusskorrektur: Ulla Thomsen

Bildredaktion: Dr. Nafsika Mylona

Umschlaggestaltung: Birgit Kohlhaas;
Reihenkonzeption Independent Medien Design, Horst Moser, München

Herstellung: Felix Robitsch

Repro: Repro Ludwig, Zell am See

Druck und Bindung: Printer Trento S.r.l.

GRÄFE UND UNZER

Ein Unternehmen der
GANSKE VERLAGSGRUPPE

Wichtiger Hinweis

Die Daten und Fakten für dieses Werk wurden mit äußerster Sorgfalt recherchiert und geprüft. Wir weisen jedoch darauf hin, dass diese Angaben häufig Veränderungen unterworfen sind und inhaltliche Fehler oder Auslassungen nicht völlig auszuschließen sind, zumal zum Zeitpunkt der Drucklegung die Auswirkungen von Covid-19 auf das Hotel- und Gastgewerbe vor Ort noch nicht vollständig abzusehen waren. Für eventuelle Fehler oder Auslassungen können Gräfe und Unzer, die PiNCAMP GmbH sowie deren Mitarbeiter und die Autoren keinerlei Verpflichtung und Haftung übernehmen.

Alle Inhalte im Buch wenden sich an und gelten für alle Geschlechter (w/m/d). Soweit grammatikalisch männliche, weibliche oder neutrale Personenbezeichnungen verwendet werden, dient dies allein der besseren Lesbarkeit.

Ansprechpartner für den Anzeigenverkauf:

KV Kommunalverlag GmbH & Co. KG,
MediaCenter München, Tel. 089/928 09 60

Bei Interesse an maßgeschneiderten B2B-Produkten:

b2b-kontakt@graefe-und-unzer.de

Leserservice

GRÄFE UND UNZER Verlag
Grillparzerstraße 12, 81675 München
www.graefe-und-unzer.de

Umwelthinweis

Nachhaltigkeit ist uns sehr wichtig. Der Rohstoff Papier ist in der Buchproduktion hierfür von entscheidender Bedeutung. Daher ist dieses Buch auf PEFC-zertifiziertem Papier gedruckt. PEFC garantiert, dass ökologische, soziale und ökonomische Aspekte in der Verarbeitungskette unabhängig überwacht werden und lückenlos nachvollziehbar sind.

AUTORINNEN

Katja Heins Devise ist: »Das Abenteuer wartet hinter der nächsten Kurve, fahr einfach los.« Jede freie Minute ist die Journalistin und leidenschaftliche Reisende im kompakten Kastenwagen-Camper zwischen Südspanien und Nordkap unterwegs. Auf www.hin-fahren.de gibt sie Tipps zu schönen Touren, Reisezielen sowie rund um Camping und Wohnmobil. Außerdem hat sie *Wohnmobiltouren durch Norddeutschland* geschrieben und an weiteren Reiseführern mitgearbeitet.

Ulrike Jeute, Texterin und Autorin, hat in Spanien und Montreal gelebt. Meist ist sie mit der Familie unterwegs, aber auch gerne mal allein, ob mit dem Rucksack durch Zentralamerika oder Wellness vor der Haustür. Ihr Motto lautet: Die Mischung macht's! Zelten geht sie seit ihrer Jugend und seit zwölf Jahren eben mit Kind und Kegel, wobei Campen in Kanada bisher das Beste war. Heute lebt sie mit ihrer Familie in Norddeutschland. Mit ihren virtuellen Reisen entführt sie ihre Leser gerne zu den schönsten Plätzen dieser Welt.